ふるさとの
エールを
追い風にして

気象／午前10時現在

天候　晴れ

湿度　46%

気温　10.3℃

風向　西

風力　1.0m/sec

気圧　1,027hpa

**第20回記念
静岡県市町対抗駅伝競走大会**

2019年11月30日(土)
◆スタート／10時00分、県庁本館前
◆フィニッシュ／草薙総合運動場陸上競技場
◆コース／12区間42・195㎞

第20回記念静岡県市町対抗駅伝競走大会は2019年11月30日、県内全35市町38チームが参加し、静岡市内の12区間42・195キロのコースで行われた。市の部は御殿場市が2時間9分29秒で2年連続4度目、町の部は清水町が2時間17分13秒で初優勝を果たした。人口1万人未満の市町を対象にした「ふるさと賞」は河津町が3年連続で獲得し、敢闘賞は下田市、御前崎市、藤枝市、伊東市、西伊豆町、川根本町が受賞した。

JN095125

御殿場市

2時間9分29秒

御殿場は5区・吉田響（東海大翔洋高2）がトップに立つと、6区・平田繁聡（陸自滝ヶ原）、7区・馬場大翔（御殿場中3）、8区・森彩純（御殿場中3）の連続区間賞の走りで独走状態に。大会初となる2時間9分台をマークし、2年連続4度目の優勝を果たした。

4連続区間賞で連覇達成

11区　橋川 和直（加藤学園高3）

10区　森川 友紀子（陸自滝ヶ原）

9区　江良 悠翔（御殿場小6）

8区　森 彩純（御殿場中3）

12区　山下 伸一（陸自滝ヶ原）

4区　依田 来巳（東海大翔洋高2）

5区　吉田 響（東海大翔洋高2）

7区　馬場 大翔（御殿場中3）

6区　平田 繁聡（陸自滝ヶ原）

1区　田代 なのは（東海大翔洋高2）

2区　勝又 蒼弥（御殿場南小5）

3区　依田 愛巳（神山小6）

11区 秋山 海陽（市立沼津高1）

10区 森野 夏歩（ユニクロ）

9区 中田 悠樹（清水小6）

8区 関 美澪（清水中3）

清水町

2時間17分13秒

粘りの走りで悲願の初優勝

清水町は4区の伊藤夢（山梨学院高3）が、区間新記録で町の部1位に。その後、10区・森野夏歩（ユニクロ）が区間賞で再度トップを奪い返すと、アンカーの大森郁夫（おおしろ整形外科クリニック）も後続を振り切り、悲願の初優勝をつかみとった。

12区 大森 郁夫
（おおしろ整形外科クリニック）

1区 齋藤 みう（伊豆中央高2）

2区 芝田 達（清水南小6）

3区 石田 結子（清水南小6）

7区 西郷 武史（清水中2）

6区 近藤 泉（西濃運輸）

5区 大井 陸翔（日大三島2）

4区 伊藤 夢（山梨学院高3）

6区 古屋 仁浩（TKナイン） | 5区 大塚 嘉胤（山梨学院高3） | 4区 細谷 愛子（静岡東中3） | 3区 松下 千紗（東源台小6） | 2区 野村 亮仁（番町小6） | 1区 舞谷 恵（常葉大菊川高2）

2位 静岡市静岡 2時間12分22秒

7区 千々岩 暁（安東中3） | 8区 松永 美空（安東中3） | 9区 磯野 祥大（西豊田小6） | 10区 加藤 詩帆加（大阪学院大2） | 11区 齊藤 光希（藤枝明誠高2） | 12区 伊藤 誠（木内建設）

静岡市静岡は細谷愛子（静岡東中3）が区間賞を獲得し、2年連続で準Ｖ。
浜松市西部は9区の小川志生（和地小6）が区間賞の走りで、チームを3位に押し上げた。

市の部

6区 中村 紀博（浜松ホトニクス） | 5区 柘植 航太（浜松日体高3） | 4区 鈴木 伶菜（浜松開誠館高3） | 3区 加藤 希花（大平台小4） | 2区 柘植 源太（中川小4） | 1区 宮津 季亜来（浜松開誠館高2）

3位 浜松市西部 2時間12分49秒

7区 柘植 貫太（細江中3） | 8区 安井 友真里（細江中2） | 9区 小川 志生（和地小6） | 10区 牛 佳慧（拓殖大1） | 11区 三潟 憲人（藤枝明誠高2） | 12区 飯田 晃大（明治大3）

6区　大山 宗則(SMILEY ANGEL)

5区　大石 彪斗(藤枝明誠高3)

4区　市川 梨愛(吉田中3)

3区　杉本 紗菜(住吉小6)

2区　大石 翔生(中央小6)

1区　田中 穂愛(島田高3)

2位　吉田町　2時間17分26秒

7区　杉浦 柊人(吉田中3)

8区　磯崎 心音(吉田中1)

9区　原田 空也(中央小5)

10区　大石 未咲(静岡吉田AC)

11区　水野 健太(吉田中3)

12区　三輪 晋大朗(NTN)

吉田町は7区・12区で区間新記録をマークし、過去最高の2位を獲得。
函南町は3区・5区・9区・11区で区間賞を受賞し、3位に入賞した。

町の部

6区　日向 嘉紀(陸自滝ヶ原)

5区　山本 蓮(加藤学園高3)

4区　小池 羽純(伊豆中央高2)

3区　斎藤 未愛(函南東小6)

2区　鈴木 康允(函南小6)

1区　菅田 もも(日大三島高2)

3位　函南町　2時間18分13秒

7区　堀部 隼暉(函南中3)

8区　斎藤 愛莉(函南東中2)

9区　久保田 高碧(函南東小6)

10区　渡邊 望帆(日大三島高・中職員)

11区　菅沼 翔也(韮山高2)

12区　橋本 隼輔(丹那牛乳)

レース展開・順位変動グラフ

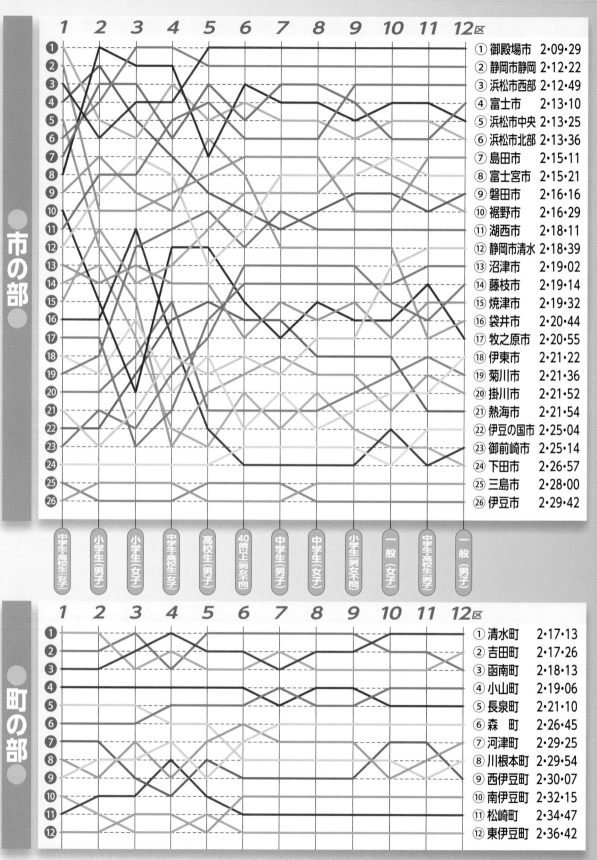

市の部

区	①	②	③	④	⑤	⑥	⑦	⑧	⑨	⑩	⑪	12区

区の下段ラベル：
中学生(高校生)女子／小学生(男子)／小学生(女子)／中学生(高校生)女子／高校生(男子)／40歳以上(男女不問)／中学生(男子)／中学生(女子)／小学生(男女不問)／一般(女子)／中学生(高校生)男子／一般(男子)

順位	市名	タイム
①	御殿場市	2・09・29
②	静岡市静岡	2・12・22
③	浜松市西部	2・12・49
④	富士市	2・13・10
⑤	浜松市中央	2・13・25
⑥	浜松市北部	2・13・36
⑦	島田市	2・15・11
⑧	富士宮市	2・15・21
⑨	磐田市	2・16・16
⑩	裾野市	2・16・29
⑪	湖西市	2・18・11
⑫	静岡市清水	2・18・39
⑬	沼津市	2・19・02
⑭	藤枝市	2・19・14
⑮	焼津市	2・19・32
⑯	袋井市	2・20・44
⑰	牧之原市	2・20・55
⑱	伊東市	2・21・22
⑲	菊川市	2・21・36
⑳	掛川市	2・21・52
㉑	熱海市	2・21・54
㉒	伊豆の国市	2・25・04
㉓	御前崎市	2・25・14
㉔	下田市	2・26・57
㉕	三島市	2・28・00
㉖	伊豆市	2・29・42

町の部

区	①	②	③	④	⑤	⑥	⑦	⑧	⑨	⑩	⑪	12区

順位	町名	タイム
①	清水町	2・17・13
②	吉田町	2・17・26
③	函南町	2・18・13
④	小山町	2・19・06
⑤	長泉町	2・21・10
⑥	森　町	2・26・45
⑦	河津町	2・29・25
⑧	川根本町	2・29・54
⑨	西伊豆町	2・30・07
⑩	南伊豆町	2・32・15
⑪	松崎町	2・34・47
⑫	東伊豆町	2・36・42

激走の跡

区間別のレース展開を写真とともに振り返る

CONTENTS

第20回記念 県市町対抗駅伝競走スタート順

3 下田市	*21* 袋井市	*31* 西伊豆町	*5* 伊豆の国市	*11* 富士宮市	*32* 函南町	*18* 御前崎市	*15* 藤枝市	*13* 静岡市静岡	*33* 清水町	*14* 焼津市	*23* 浜松市中央	*6* 三島市	1列目
4 伊豆市	*27* 東伊豆町	*24* 浜松市北部	*2* 伊東市	*37* 川根本町	*10* 富士市	*7* 御殿場市	*29* 南伊豆町	*25* 浜松市西部	*9* 沼津市	*19* 菊川市	*28* 河津町	*1* 熱海市	2列目
30 松崎町	*20* 掛川市	*34* 長泉町	*16* 島田市	*36* 吉田町	*22* 磐田市	*8* 裾野市	*12* 静岡市清水	*17* 牧之原市	*26* 湖西市	*38* 森町	*35* 小山町		3列目

　入りはややスローペース。先頭集団を焼津市の宮﨑、御殿場市の田代が引っ張る。残り約500ｍで浜松市北部の杉森がスパートをかけ、1位でたすきをつなぐ。町の部は吉田町の田中が混戦を抜け出す。

区間賞

●町の部●
田中稔愛（吉田町・島田高3）

●市の部●
杉森心音（浜松市北部・北浜中3）

●市の部

順位	チーム	総合記録	走者名	所属	区間順位・記録
❶	浜松市北部	11'50"	杉森　心音	北浜中3	①11'50"
❷	島田市	11'54"	町　　碧海	常葉大菊川高2	②11'54"
❸	御殿場市	11'55"	田代なのは	東海大静岡翔洋高2	③11'55"
❹	磐田市	11'55"	澤木　はな	常葉大菊川高3	④11'55"
❺	掛川市	11'58"	眞田　木葉	浜松商高2	⑤11'58"
❻	静岡市静岡	11'58"	舞谷　　恵	常葉大菊川高2	⑥11'58"
❼	富士市	12'00"	小山　和月	鷹岡中1	⑦12'00"
❽	浜松市中央	12'02"	岡田　優花	浜松開誠館高3	⑧12'02"
❾	袋井市	12'05"	久野　桜彩	常葉大菊川高2	⑨12'05"
❿	牧之原市	12'07"	丸山　鳳純	常葉大菊川高3	⑩12'07"
⓫	浜松市西部	12'10"	宮津季亜来	浜松開誠館高2	⑪12'10"
⓬	富士宮市	12'13"	藤田　咲良	北山中3	⑫12'13"
⓭	焼津市	12'20"	宮崎　梨央	島田高3	⑬12'20"
⓮	下田市	12'22"	菊地　菜央	下田高1	⑭12'22"
⓯	裾野市	12'24"	廣瀬　　梛	裾野東中2	⑮12'24"
⓰	御前崎市	12'28"	沖　　千都	常葉大菊川高1	⑯12'28"
⓱	沼津市	12'38"	大橋　友聖	沼津第五中2	⑰12'38"
⓲	伊東市	12'44"	守塚　梨奈	知徳高1	⑱12'44"
⓳	湖西市	12'50"	鈴木　笑理	常葉大菊川高2	⑲12'50"
⓴	菊川市	12'58"	後藤　美咲	常葉大菊川高2	⑳12'58"
㉑	静岡市清水	13'01"	滝澤かんな	富士市立高1	㉑13'01"
㉒	熱海市	13'09"	加藤　佳怜	泉中3	㉒13'09"
㉓	藤枝市	13'18"	横打　陽菜	藤枝東高1	㉓13'18"
㉔	伊豆の国市	13'22"	吉田　来百	長岡中2	㉔13'22"
㉕	伊豆市	14'15"	内田　桃花	伊豆中央高3	㉕14'15"
㉖	三島市	14'18"	濱村　心媛	伊豆中央高1	㉖14'18"

●町の部

順位	チーム	総合記録	走者名	所属	区間順位・記録
❶	吉田町	11'55"	田中　稔愛	島田高3	①11'55"
❷	函南町	11'59"	菅田　もも	日大三島高2	②11'59"
❸	清水町	12'07"	齋藤　みう	伊豆中央高2	③12'07"
❹	長泉町	12'21"	山田　　葵	加藤学園高2	④12'21"
❺	川根本町	12'29"	小坂　海結	島田高3	⑤12'29"
❻	小山町	12'53"	モア　綺蘭	須走中1	⑥12'53"
❼	西伊豆町	13'15"	藤井　　葵	松崎高3	⑦13'15"
❽	河津町	13'21"	酒井　涼帆	河津中2	⑧13'21"
❾	森町	13'26"	鈴木ひより	磐田北高2	⑨13'26"
❿	東伊豆町	13'33"	山田　ゆい	下田高1	⑩13'33"
⓫	松崎町	13'34"	矢野　優歌	松崎中3	⑪13'34"
⓬	南伊豆町	14'36"	夛々　みな	南伊豆東中2	⑫14'36"

区間最高記録　市の部● **11分21秒**　鈴木　颯夏（静岡市静岡A・第17回大会）
町の部● **11分47秒**　宮下　りの（清水町・第19回大会）

8位でたすきを受けた浜松市中央の小松がトップに立ち、残り1km手前で引き離す。磐田市の垂水、富士市の浅見、静岡市静岡の野村が2位を争う。吉田町の大石は区間賞の走りで1位をキープ。

10

区間賞

◎町の部◎
大石翔生（吉田町・中央小6）

◎市の部◎
小松凛大（浜松市中央・葵西小6）

●市の部

順位	チーム	総合記録	走者名		所属	区間順位・記録
❶	浜松市中央	17'53"	小松	凛大	葵西小6	① 5'51"
❷	磐田市	17'55"	垂水	晴斗	豊岡南小6	③ 6'00"
❸	富士市	17'56"	浅見	隆斗	丘小6	② 5'56"
❹	静岡市静岡	17'59"	野村	亮仁	番町小6	④ 6'01"
❺	浜松市北部	18'05"	鈴木	歩夢	赤佐小5	⑪ 6'15"
❻	御殿場市	18'08"	勝又	蒼弥	御殿場南小5	⑨ 6'13"
❼	袋井市	18'15"	足立	遼介	袋井西小6	⑦ 6'10"
❽	浜松市西部	18'19"	柘植	源太	中川小4	⑥ 6'09"
❾	富士宮市	18'27"	福田	秀平	富士見小6	⑩ 6'14"
❿	島田市	18'28"	永野	日彩	六合小6	㉒ 6'34"
⓫	裾野市	18'39"	番場	翼	富岡第一小6	⑪ 6'15"
⓬	掛川市	18'41"	佐野	嶺	桜木小4	㉖ 6'43"
⓭	下田市	18'45"	山本	璃音	下田小6	⑰ 6'23"
⓮	焼津市	18'48"	鈴木	大雅	焼津東小6	⑳ 6'28"
⓯	牧之原市	18'49"	山村	一心	細江小6	㉔ 6'42"
⓰	御前崎市	18'55"	村松	岳	浜岡北小6	⑱ 6'27"
⓱	沼津市	18'55"	廣瀬	明玖	開北小6	⑬ 6'17"
⓲	湖西市	19'00"	鈴木	光誠	岡崎小6	⑦ 6'10"
⓳	伊東市	19'02"	小西	佑昌	伊東小6	⑮ 6'18"
⓴	菊川市	19'15"	鈴木	照基	小笠北小6	⑬ 6'17"
㉑	藤枝市	19'21"	儀邉	孝平	岡部小6	⑤ 6'03"
㉒	熱海市	19'30"	藤間	敦也	熱海第一小6	⑯ 6'21"
㉓	静岡市清水	19'32"	高田	光穂	清水高部東小6	㉑ 6'31"
㉔	伊豆の国市	20'02"	師岡	孝多	韮山南小6	㉓ 6'40"
㉕	三島市	20'45"	田中	謙成	向山小5	⑱ 6'27"
㉖	伊豆市	20'57"	落合	廉	熊坂小6	㉔ 6'42"

●町の部

順位	チーム	総合記録	走者名		所属	区間順位・記録
❶	吉田町	18'07"	大石	翔生	中央小6	① 6'12"
❷	函南町	18'20"	鈴木	康允	函南小6	④ 6'21"
❸	清水町	18'22"	芝田	達	清水南小6	② 6'15"
❹	長泉町	18'43"	露木	道麻	長泉南小6	⑤ 6'22"
❺	川根本町	19'01"	小林	翔流	本川根小6	⑦ 6'32"
❻	小山町	19'26"	永井	雅士	北郷小6	⑧ 6'33"
❼	西伊豆町	19'45"	山本	來夢	田子小6	⑥ 6'30"
❽	森町	20'02"	平田	爽馬	宮園小6	⑨ 6'36"
❾	河津町	20'06"	稲葉	昊希	河津南小6	⑩ 6'45"
❿	松崎町	20'27"	磯谷	怜皇	松崎小6	⑪ 6'53"
⓫	東伊豆町	20'36"	山﨑	洸	稲取小5	⑫ 7'03"
⓬	南伊豆町	20'56"	藤原	健慎	南伊豆東小6	③ 6'20"

区間最高記録	市の部● 5分49秒　平尾　拓煌（掛川市・第19回大会）
	町の部● 5分59秒　千葉　仁人（小山町・第19回大会）

　1〜4位が8秒差内にひしめく中、静岡市静岡の松下がゴール直前で浜松市中央の河合をとらえた。御前崎市の藤田は区間賞で見せ場を作る。函南町の斎藤は区間賞の走りで圧倒し、首位に立った。

区間賞

●町の部●
斎藤未愛（函南町・函南東小6）

●市の部●
藤田祐咲（御前崎市・御前崎第一小6）

●市の部

順位	チーム	総合記録	走者名	所　属	区間順位・記録
❶	静岡市静岡	23'51"	松下　千紗	東源台小6	⑧ 5'52"
❷	浜松市中央	23'51"	河合　柚奈	和田小5	⑫ 5'58"
❸	富士市	23'54"	遠藤　杏莉	丘小6	⑫ 5'58"
❹	御殿場市	23'59"	依田　愛巳	神山小6	⑥ 5'51"
❺	磐田市	24'05"	松井　彩夏	豊田東小6	⑱ 6'10"
❻	浜松市北部	24'06"	犬飼　梨愛	浜名小6	⑭ 6'01"
❼	富士宮市	24'09"	藤田　紅良	北山小6	② 5'42"
❽	浜松市西部	24'13"	加藤　希花	大平台小6	⑨ 5'54"
❾	袋井市	24'17"	松澤　凜	袋井北小6	⑯ 6'02"
❿	島田市	24'19"	太田　綾夢	初倉南小6	⑥ 5'51"
⓫	御前崎市	24'35"	藤田　祐咲	御前崎第一小6	① 5'40"
⓬	湖西市	24'47"	森本　さな	白須賀小6	③ 5'47"
⓭	焼津市	24'49"	青野　愛琉	大井川東小5	⑭ 6'01"
⓮	裾野市	24'50"	山木優里奈	裾野東小6	⑳ 6'11"
⓯	掛川市	24'51"	粂田かりん	城北小6	⑱ 6'10"
⓰	伊東市	24'59"	今井美羽奈	伊東南小6	⑪ 5'57"
⓱	下田市	25'04"	土屋　絢加	白浜小6	㉔ 6'19"
⓲	菊川市	25'11"	縣　理穂子	横地小6	⑩ 5'56"
⓳	熱海市	25'17"	ヘリヤー理紗	網代小5	③ 5'47"
⓴	牧之原市	25'18"	小原　彩那	細江小6	㉕ 6'29"
㉑	静岡市清水	25'22"	上井　彩世	清水岡小6	⑤ 5'50"
㉒	藤枝市	25'26"	瀧井　美月	藤枝小6	⑰ 6'05"
㉓	沼津市	25'33"	岩本ひなた	開北小6	㉖ 6'38"
㉔	伊豆の国市	26'16"	鈴木　愛瑠	長岡南小6	㉑ 6'14"
㉕	三島市	27'02"	守村　夏帆	三島北小6	㉒ 6'17"
㉖	伊豆市	27'15"	片衛　七海	土肥小中一貫校6	㉓ 6'18"

●町の部

順位	チーム	総合記録	走者名	所　属	区間順位・記録
❶	函南町	24'06"	斎藤　未愛	函南東小6	① 5'46"
❷	清水町	24'18"	石田　結子	清水南小6	② 5'56"
❸	吉田町	24'24"	杉本　紗菜	住吉小6	⑧ 6'17"
❹	長泉町	24'47"	福嶋　桂依	長泉南小6	⑤ 6'04"
❺	川根本町	25'03"	瀧尾　菜乃	中川根南部小5	③ 6'02"
❻	小山町	25'28"	外屋　樹奈	須走小6	③ 6'02"
❼	河津町	26'16"	酒井　鈴奈	河津南小5	⑥ 6'10"
❽	森町	26'34"	今村　合花	宮園小6	⑩ 6'32"
❾	西伊豆町	26'37"	鈴木　華恋	仁科小6	⑪ 6'52"
❿	松崎町	26'42"	齋藤　百花	松崎小6	⑦ 6'15"
⓫	南伊豆町	27'27"	遠藤　雫	南中小6	⑨ 6'31"
⓬	東伊豆町	27'28"	藤邉　妙果	稲取小5	⑪ 6'52"

区間最高記録	市の部● 5分18秒　細谷　愛子（静岡市静岡A・第17回大会）
	町の部● 5分43秒　世古　凪沙（清水町・第19回大会）

静岡市静岡の細谷が独走し、2位との差を31秒に引き離す。浜松市中央の兼子、浜松市北部の相羽、御殿場市の依田が激しい2位争いを展開。清水町の伊藤が区間新の快走で首位を奪った。

区間賞

●町の部
伊藤 夢（清水町・山梨学院高3）

●市の部
細谷愛子（静岡市静岡・静岡東中3）

●市の部

順位	チーム	総合記録	走者名	所 属	区間順位・記録
❶	静岡市静岡	35'18"	細谷 愛子	静岡東中3	①11'27"
❷	浜松市中央	35'49"	兼子 心晴	浜松市立高1	⑤11'58"
❸	浜松市北部	35'50"	相羽 八菜	浜松日体高3	③11'44"
❹	御殿場市	35'51"	依田 来巳	東海大静岡翔洋高2	④11'52"
❺	浜松市西部	35'54"	鈴木 怜菜	浜松開誠館高3	②11'41"
❻	富士市	36'02"	渡邉悠希菜	吉原第二中2	⑧12'08"
❼	磐田市	36'05"	鈴木 優花	磐田南高1	⑥12'00"
❽	富士宮市	36'25"	島袋あゆみ	富士宮北高2	⑨12'16"
❾	島田市	36'45"	清水 綾穂	島田高3	⑩12'26"
❿	袋井市	36'47"	衛藤菜々子	袋井南中2	⑪12'30"
⓫	湖西市	37'19"	高橋 凜羽	浜松商高2	⑫12'32"
⓬	牧之原市	37'20"	鈴木 怜奈	島田高2	⑦12'02"
⓭	裾野市	37'22"	根上 真菜	日大三島高3	⑫12'32"
⓮	焼津市	37'27"	青野 未翔	常葉大菊川高1	⑭12'38"
⓯	菊川市	37'58"	赤堀 華	菊川東中2	⑮12'47"
⓰	熱海市	38'11"	眞野 希更	沼津東高2	⑰12'54"
⓱	御前崎市	38'14"	揚張 結	浜岡中1	㉓13'39"
⓲	静岡市清水	38'18"	深澤 萌々	豊川高3	⑱12'56"
⓳	藤枝市	38'19"	鈴木 珠恵	西益津中3	⑯12'53"
⓴	伊東市	38'21"	鈴木 美遥	対島中1	㉑13'22"
㉑	沼津市	38'30"	吉川 空	片浜中3	⑲12'57"
㉒	下田市	38'31"	片井 麻琴	下田高2	㉒13'27"
㉓	掛川市	38'39"	栗田 聖花	掛川西中2	㉔13'48"
㉔	伊豆の国市	39'16"	鈴木 彩夏	大仁中2	⑳13'00"
㉕	三島市	41'15"	岩渕ほのか	伊豆中央高1	㉕14'13"
㉖	伊豆市	41'52"	伊郷 若葉	中伊豆中2	㉖14'37"

●町の部

順位	チーム	総合記録	走者名	所 属	区間順位・記録	
❶	清水町	36'04"	伊藤 夢	山梨学院高3	①11'46"	新
❷	吉田町	36'37"	市川 梨愛	吉田中3	②12'13"	
❸	函南町	36'37"	小池 羽純	伊豆中央高2	④12'31"	
❹	長泉町	37'34"	関口 楓花	長泉中1	⑤12'47"	
❺	小山町	37'50"	宗像 愛実	加藤学園高2	③12'22"	
❻	川根本町	38'18"	澤本こころ	中川根中1	⑥13'15"	
❼	森町	39'56"	大場 来夢	常葉大菊川高1	⑧13'22"	
❽	松崎町	39'58"	矢野 瑞葵	下田高2	⑦13'16"	
❾	河津町	40'03"	木下小百合	下田高1	⑩13'47"	
❿	西伊豆町	40'16"	石田 萌音	下田高2	⑨13'39"	
⓫	南伊豆町	41'30"	山田有紀奈	下田高2	⑪14'03"	
⓬	東伊豆町	42'22"	山本ゆりか	熱川中1	⑫14'54"	

区間最高記録	市の部● 11分14秒 細谷 愛子（静岡市静岡・第19回大会）
	町の部● 11分46秒 伊藤 夢（清水町・第20回大会）

4位でたすきを受けた御殿場市の吉田が4.4km付近で首位に立ち、2位以下に28秒差をつける。函南町の山本は、吉田町の大石、清水町の大井を猛追し、4.85km付近で首位を奪い返す。

区間賞

●町の部●
山本 蓮（函南町・加藤学園高3）

●市の部●
吉田 響（御殿場市・東海大静岡翔洋高2）

●市の部

順位	チーム	総合記録	走者名	所属	区間順位・記録
①	御殿場市	55'11"	吉田 響	東海大静岡翔洋高2	①19'20"
②	静岡市静岡	55'39"	大塚 嘉胤	山梨学院高3	⑦20'21"
③	富士市	55'56"	漆畑 徳輝	山梨学院高3	③19'54"
④	浜松市西部	56'30"	柘植 航太	浜松日体高3	⑧20'36"
⑤	浜松市北部	56'39"	竹尾 奏哉	浜松工高3	⑫20'49"
⑥	袋井市	56'39"	森島 寛人	島田高3	②19'52"
⑦	浜松市中央	56'42"	多島 佑樹	浜松日体高2	⑭20'53"
⑧	島田市	56'43"	山本 樹	島田高3	⑤19'58"
⑨	磐田市	57'05"	山内 亮威	浜松日体高3	⑰21'00"
⑩	湖西市	57'16"	尾﨑 健斗	浜松商高2	④19'57"
⑪	裾野市	57'38"	加藤 聡太	山梨学院高3	⑥20'16"
⑫	牧之原市	58'06"	大澤 巧使	島田高3	⑪20'46"
⑬	富士宮市	58'10"	淺倉 望	富士宮西高2	⑳21'45"
⑭	焼津市	58'46"	松村龍之介	藤枝明誠高2	⑲21'19"
⑮	熱海市	59'00"	秋吉 星弥	加藤学園高3	⑫20'49"
⑯	沼津市	59'07"	大澤 健人	韮山高3	⑨20'37"
⑰	藤枝市	59'16"	小林 大祐	島田高2	⑮20'57"
⑱	伊東市	59'19"	黒澤 大生	浜松日体高3	⑯20'58"
⑲	静岡市清水	59'20"	佐藤 真人	清水桜が丘高2	⑱21'02"
⑳	掛川市	59'24"	岡島 尚矢	藤枝明誠高3	⑩20'45"
㉑	菊川市	59'55"	落合 倭和	常葉大菊川高3	㉒21'57"
㉒	御前崎市	1°00'25"	植田 航生	浜岡中3	㉓22'11"
㉓	下田市	1°00'51"	本村 春人	韮山高2	㉔22'20"
㉔	伊豆の国市	1°01'05"	大嶽 昂士	伊豆中央高1	㉑21'49"
㉕	伊豆市	1°04'21"	芹澤 匡哉	伊豆総合高3	㉕22'29"
㉖	三島市	1°05'07"	柚木崎直也	加藤学園高2	㉖23'52"

●町の部

順位	チーム	総合記録	走者名	所属	区間順位・記録
①	函南町	57'29"	山本 蓮	加藤学園高3	①20'52"
②	清水町	57'32"	大井 陸翔	日大三島高2	③21'28"
③	吉田町	58'10"	大石 彪斗	藤枝明誠高3	④21'33"
④	長泉町	58'59"	牧野 拓也	日大三島高3	②21'25"
⑤	小山町	1°00'03"	岩田 直也	沼津東高2	⑥22'13"
⑥	川根本町	1°01'54"	向島 央	御殿場西高1	⑩23'36"
⑦	河津町	1°02'11"	正木 楓	藤枝明誠高2	⑤22'08"
⑧	西伊豆町	1°02'39"	加藤 月永	加藤学園高2	⑦22'23"
⑨	森町	1°02'54"	谷口 健	袋井商高2	⑧22'58"
⑩	松崎町	1°05'10"	山本 崚矢	下田高2	⑫25'12"
⑪	東伊豆町	1°05'48"	鈴木 政史	稲取高2	⑨23'26"
⑫	南伊豆町	1°06'02"	外岡 賢人	下田高2	⑪24'32"

区間最高記録	市の部● 19分20秒 吉田 響（御殿場市・第20回大会）
	町の部● 20分52秒 山本 蓮（函南町・第20回大会）

※5区は第20回大会でコース（距離）変更しました

御殿場市の平田が、区間賞の走りで着実に差を広げる。静岡市静岡の古屋も2位をキープ。函南町の日向は町の部首位を維持し、清水町の近藤が19秒差で食らいつく。南伊豆町の鈴木が区間賞を獲得した。

区間賞

◎町の部◎
鈴木護弘（南伊豆町・下田OA）

◎市の部◎
平田繁聡（御殿場市・陸上自衛隊滝ケ原）

●市の部

順位	チーム	総合記録	走者名	所 属	区間順位・記録
❶	御殿場市	1°06'35"	平田　繁聡	陸上自衛隊滝ヶ原駐屯地	① 11'24"
❷	静岡市静岡	1°07'39"	古屋　仁浩	TKナイン	⑦ 12'00"
❸	浜松市中央	1°08'39"	髙木　　大	J&Hジャパン	⑥ 11'57"
❹	浜松市北部	1°08'48"	藤井　博之	杏林堂薬局	⑧ 12'09"
❺	富士市	1°08'49"	後藤　安志	王子マテリア	⑳ 12'53"
❻	浜松市西部	1°09'03"	中村　紀博	浜松ホトニクス	⑬ 12'33"
❼	島田市	1°09'11"	粕谷　　悠	島田高教諭	⑪ 12'28"
❽	袋井市	1°09'26"	牧野　誠三	袋井東小教頭	⑰ 12'47"
❾	裾野市	1°09'29"	山中嶋秀和	トヨタ自動車	④ 11'51"
❿	磐田市	1°09'39"	鈴木　清志	浜松ホトニクス	⑭ 12'34"
⓫	富士宮市	1°09'47"	大久保明彦	田子の浦埠頭	② 11'37"
⓬	湖西市	1°10'13"	白井　丈晴	新居AC	㉑ 12'57"
⓭	藤枝市	1°11'09"	石上　真吾	藤枝市役所	⑤ 11'53"
⓮	沼津市	1°11'21"	西村　博光	三島信用金庫	⑨ 12'14"
⓯	牧之原市	1°11'33"	大澤　友裕	大石建材	㉔ 13'27"
⓰	熱海市	1°11'41"	大石　真裕	熱海市役所	⑮ 12'41"
⓱	焼津市	1°12'01"	久保田光博	ニッセー	㉓ 13'15"
⓲	静岡市清水	1°12'08"	一ノ瀬友紀夫	平成建設	⑲ 12'48"
⓳	掛川市	1°12'11"	森田　尚史	山下工業研究所	⑰ 12'47"
⓴	下田市	1°12'30"	鈴木　勝弓	下田OA	③ 11'39"
㉑	菊川市	1°12'59"	松下　　豊	菊川市役所	㉒ 13'04"
㉒	伊東市	1°13'03"	千葉　俊和	東部特別支援学校	㉖ 13'44"
㉓	伊豆の国市	1°13'25"	橋口　博之	橋口商工社	⑩ 12'20"
㉔	御前崎市	1°13'55"	清水　基之	トッパン・フォームズ東海	㉕ 13'30"
㉕	伊豆市	1°17'03"	飯田　　聡	飯田産業工作所	⑯ 12'42"
㉖	三島市	1°17'39"	江島　洋之	三島信用金庫	⑫ 12'32"

●町の部

順位	チーム	総合記録	走者名	所 属	区間順位・記録
❶	函南町	1°09'46"	日向　嘉紀	陸上自衛隊滝ヶ原駐屯地	② 12'17"
❷	清水町	1°10'05"	近藤　　泉	西濃運輸	④ 12'33"
❸	吉田町	1°10'57"	大山　宗則	SMILEY ANGEL	⑦ 12'47"
❹	長泉町	1°12'01"	中村　幸生	フジヘン	⑧ 13'02"
❺	小山町	1°12'26"	網村　尚昭	陸上自衛隊富士学校	③ 12'23"
❻	河津町	1°14'46"	鳥澤　祐一	下田高教諭	⑤ 12'35"
❼	森町	1°15'35"	天野　元文	Honda浜松	⑥ 12'41"
❽	川根本町	1°15'42"	山本　忠広	グリーンホーム	⑩ 13'48"
❾	西伊豆町	1°15'55"	井堀　浩央	藤高造船	⑨ 13'16"
❿	南伊豆町	1°18'06"	鈴木　護弘	下田OA	① 12'04"
⓫	松崎町	1°19'03"	武田　拓郎	アンドーカーパーツ	⑪ 13'53"
⓬	東伊豆町	1°20'07"	竹内　　司	ライフケアガーデン熱川	⑫ 14'19"

区間最高記録	市の部●11分24秒　平田　繁聡（御殿場市・第20回大会）
	町の部●12分04秒　鈴木　護弘（南伊豆町・第20回大会）

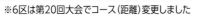

※6区は第20回大会でコース（距離）変更しました

御殿場市の馬場が、区間新を記録。続く静岡市静岡の千々岩も区間2位の走りで差を広げた。町の部は吉田町の杉浦が区間新記録で2位に押し上げ、26秒差以内に3町がひしめく大混戦に。

区間賞

◎町の部◎
杉浦柊人（吉田町・吉田中3）

◎市の部◎
馬場大翔（御殿場市・御殿場中3）

●市の部

順位	チーム	総合記録	走者名	所属	区間順位・記録	
❶	御殿場市	1°16'59"	馬場　大翔	御殿場中3	①10'24"	新
❷	静岡市静岡	1°18'23"	千々岩　暁	安東中3	②10'44"	
❸	富士市	1°19'41"	伊東　駿	鷹岡中3	④10'52"	
❹	浜松市中央	1°19'42"	松下　永明	湖東中3	⑧11'03"	
❺	浜松市北部	1°19'45"	杉浦　蒼太	北浜中2	⑥10'57"	
❻	浜松市西部	1°19'56"	柘植　貫太	細江中3	⑤10'53"	
❼	島田市	1°20'46"	大村　祐史	初倉中2	⑮11'35"	
❽	富士宮市	1°20'47"	渡邊　莉玖	富士根南中2	⑦11'00"	
❾	裾野市	1°20'52"	篠原　一希	富岡中3	⑩11'23"	
❿	湖西市	1°20'59"	山内　真潤	浜松開誠館中2	③10'46"	
⓫	磐田市	1°21'09"	永田　稜翔	神明中3	⑫11'30"	
⓬	袋井市	1°21'27"	深谷　涼斗	周南中3	㉑12'01"	
⓭	藤枝市	1°22'49"	杉本　翔輝	青島中3	⑰11'40"	
⓮	沼津市	1°22'55"	鈴木　脩真	暁秀中3	⑭11'34"	
⓯	焼津市	1°23'15"	岩渕　航也	豊田中3	⑨11'14"	
⓰	熱海市	1°23'17"	齋藤　志	多賀中3	⑯11'36"	
⓱	牧之原市	1°23'18"	大関　真宙	榛原中2	⑲11'45"	
⓲	掛川市	1°23'43"	松本　悠真	掛川西中3	⑬11'32"	
⓳	静岡市清水	1°23'51"	野村　貢希	清水袖師中2	⑱11'43"	
⓴	伊東市	1°24'26"	村上　歩夢	伊東南中3	⑩11'23"	
㉑	菊川市	1°24'44"	松下　晃大	岳洋中3	⑲11'45"	
㉒	下田市	1°25'11"	本村　啓人	下田中3	㉖12'41"	
㉓	伊豆の国市	1°25'47"	田村　高輝	長岡中3	㉕12'22"	
㉔	御前崎市	1°25'57"	植田　悠生	浜岡中3	㉒12'02"	
㉕	伊豆市	1°29'18"	髙田　恭羽	中伊豆中3	㉔12'15"	
㉖	三島市	1°29'50"	笹本　明希	錦田中1	㉓12'11"	

●町の部

順位	チーム	総合記録	走者名	所属	区間順位・記録	
❶	函南町	1°21'21"	堀部　隼暉	函南中3	④11'35"	
❷	吉田町	1°21'25"	杉浦　柊人	吉田中3	①10'28"	新
❸	清水町	1°21'47"	西郷　武史	清水中2	⑤11'42"	
❹	小山町	1°23'27"	千葉　仁人	須走中1	②11'01"	
❺	長泉町	1°23'48"	今村　勇輝	長泉中3	⑥11'47"	
❻	森町	1°27'04"	鈴木　一平	浜松日体3	③11'29"	
❼	河津町	1°28'06"	菊地　祐明	河津中3	⑪13'20"	
❽	川根本町	1°28'24"	和田　陽	中川根中3	⑨12'42"	
❾	西伊豆町	1°28'54"	鈴木虎太郎	西伊豆中3	⑩12'59"	
❿	南伊豆町	1°30'04"	山田　晴翔	南伊豆東中3	⑦11'58"	
⓫	松崎町	1°31'26"	稲葉　大晴	松崎中2	⑧12'23"	
⓬	東伊豆町	1°33'30"	川端　郁栄	稲取中3	⑫13'23"	

区間最高記録	市の部● 10分24秒　馬場　大翔（御殿場市・第20回大会）
	町の部● 10分28秒　杉浦　柊人（吉田町・第20回大会）

御殿場市が森の4区間連続の区間賞で、2位との差を2分5秒とし、独走態勢を築く。2位以下の上位に大きな順位変動はない。清水町の関が区間賞の走りで吉田町を逆転し、2位に浮上する。

区間賞

●町の部
関 美澪（清水町・清水中3）

●市の部
森 彩純（御殿場市・御殿場中3）

●市の部

順位	チーム	総合記録	走者名	所属	区間順位・記録
❶	御殿場市	1°26'57"	森 彩純	御殿場中3	① 9'58"
❷	静岡市静岡	1°29'02"	松永 美空	安東中3	⑥10'39"
❸	富士市	1°30'17"	沖田 真優	岳陽中1	③10'36"
❹	浜松市中央	1°30'21"	宮田 怜奈	北部中3	⑥10'39"
❺	浜松市北部	1°30'23"	鈴木しえる	北浜中1	④10'38"
❻	浜松市西部	1°30'26"	安井友真里	細江中2	②10'30"
❼	島田市	1°31'29"	渡邉 華那	六合中2	⑨10'43"
❽	富士宮市	1°31'29"	後藤 光稀	大富士中1	⑧10'42"
❾	裾野市	1°31'42"	岡本姫渚乃	裾野東中2	⑩10'50"
❿	磐田市	1°31'59"	蜂須賀來奈	城山中2	⑩10'50"
⓫	湖西市	1°32'06"	水谷 莉子	新居中3	⑭11'07"
⓬	袋井市	1°32'33"	田添 星来	浅羽中3	⑬11'06"
⓭	藤枝市	1°34'01"	清水 美月	葉梨中2	⑮11'12"
⓮	沼津市	1°34'09"	小澤 心羽	片浜中3	⑯11'14"
⓯	牧之原市	1°34'41"	吉塲 深月	榛原中2	⑱11'23"
⓰	焼津市	1°34'52"	大須賀琴桃	大村中2	⑳11'37"
⓱	静岡市清水	1°35'09"	立川 緋彩	清水庵原中2	⑰11'18"
⓲	熱海市	1°35'15"	古株 麻衣	熱海中2	㉓11'58"
⓳	掛川市	1°35'29"	戸塚 光梨	掛川西中1	㉑11'46"
⓴	下田市	1°36'12"	髙橋 夢花	下田中1	⑫11'01"
㉑	菊川市	1°36'13"	赤堀 光	岳洋中3	⑲11'29"
㉒	伊東市	1°36'33"	肥田ひより	対島中3	㉕12'07"
㉓	伊豆の国市	1°37'39"	福士 茜	韮山中1	㉒11'52"
㉔	御前崎市	1°37'57"	清水 唯	浜岡中1	㉔12'00"
㉕	三島市	1°40'28"	武田 亜子	三島南中2	④10'38"
㉖	伊豆市	1°42'02"	菊地はるか	中伊豆中2	㉖12'44"

●町の部

順位	チーム	総合記録	走者名	所属	区間順位・記録
❶	函南町	1°31'44"	斎藤 愛莉	函南東中2	②10'23"
❷	清水町	1°32'07"	関 美澪	清水中3	①10'20"
❸	吉田町	1°32'19"	磯崎 心音	吉田中1	③10'54"
❹	長泉町	1°34'44"	河西優月菜	長泉北中2	④10'56"
❺	小山町	1°35'00"	千葉 妃華	須走中3	⑤11'33"
❻	森町	1°39'19"	榊原 彩那	森中2	⑧12'15"
❼	河津町	1°40'08"	山本 紗弥	河津中1	⑥12'02"
❽	川根本町	1°40'47"	森脇詩央梨	中川根中1	⑨12'23"
❾	西伊豆町	1°41'02"	朝倉 陽菜	西伊豆中1	⑦12'08"
❿	南伊豆町	1°42'45"	山田 朱莉	南伊豆東中1	⑩12'41"
⓫	松崎町	1°44'26"	北島 杏結	松崎中3	⑪13'00"
⓬	東伊豆町	1°46'39"	小倉 明美	熱川中2	⑫13'09"

区間最高記録	市の部● 9分38秒	木村 友香（静岡市静岡A・第9回大会）
	町の部● 10分09秒	柴田 理奈（新居町・第6回大会）

1位の御殿場市、2位の静岡市静岡は、余裕をもって順位を維持。浜松市西部の小川が区間賞の走りで3人抜きし、3位に押し上げた。函南町、清水町、吉田町の上位に大きな変動はなかった。

区間賞

●町の部●
久保田高碧（函南町・函南東小6）

●市の部●
小川志生（浜松市西部・和地小6）

●市の部

順位	チーム	総合記録	走者名	所属	区間順位・記録
❶	御殿場市	1°32'18"	江良 悠翔	御殿場小6	③ 5'21"
❷	静岡市静岡	1°34'37"	磯野 祥大	西豊田小6	⑬ 5'35"
❸	浜松市西部	1°35'35"	小川 志生	和地小6	① 5'09"
❹	富士市	1°35'40"	増田 伸羽	富士第一小6	⑤ 5'23"
❺	浜松市中央	1°35'48"	藤井 由輝	大瀬小6	⑦ 5'27"
❻	浜松市北部	1°35'57"	萩原 涼太	北浜北小6	⑩ 5'34"
❼	裾野市	1°37'03"	大庭 光輝	深良小6	③ 5'21"
❽	富士宮市	1°37'06"	早瀬 快人	富丘小6	⑱ 5'37"
❾	磐田市	1°37'24"	正木 生織	豊田東小6	⑥ 5'25"
❿	島田市	1°37'34"	野中 理央	初倉南小6	㉕ 6'05"
⓫	湖西市	1°37'50"	村松 飛翔	新居小6	㉑ 5'44"
⓬	袋井市	1°38'07"	窪野 快	袋井南小6	⑩ 5'34"
⓭	藤枝市	1°39'37"	杉山 智輝	青島小6	⑮ 5'36"
⓮	沼津市	1°39'46"	市川 青空	香貫小6	⑱ 5'37"
⓯	焼津市	1°40'24"	平野 悠人	東益津小6	⑨ 5'32"
⓰	牧之原市	1°40'37"	堀江 准成	坂部小6	㉔ 5'56"
⓱	静岡市清水	1°40'38"	加藤 瑠晟	清水船越小6	⑧ 5'29"
⓲	熱海市	1°40'51"	小川 知紘	熱海第一小6	⑮ 5'36"
⓳	掛川市	1°41'04"	秋山 伊吹	掛川第二小6	⑬ 5'35"
⓴	菊川市	1°41'47"	落合 奏吉	六郷小6	⑩ 5'34"
㉑	伊東市	1°41'50"	村上 陽汰	大池小6	② 5'17"
㉒	下田市	1°41'51"	小川 優人	下田小5	⑳ 5'39"
㉓	伊豆の国市	1°43'29"	菊地 彪夏	長岡南小6	㉓ 5'50"
㉔	御前崎市	1°43'42"	漢人 ひかり	御前崎第一小6	㉒ 5'45"
㉕	三島市	1°46'04"	高木 連麻	錦田小6	⑮ 5'36"
㉖	伊豆市	1°48'10"	大杉 立	中伊豆小6	㉖ 6'08"

●町の部

順位	チーム	総合記録	走者名	所属	区間順位・記録
❶	函南町	1°37'13"	久保田高碧	函南東小6	① 5'29"
❷	清水町	1°37'50"	中田 悠樹	清水小6	⑤ 5'43"
❸	吉田町	1°38'08"	原田 空也	中央小5	⑥ 5'49"
❹	長泉町	1°40'26"	大沼 晴瑠	長泉南小5	③ 5'42"
❺	小山町	1°40'38"	外川心太郎	須走小5	② 5'38"
❻	森町	1°45'01"	大石 雄塁	飯田小6	③ 5'42"
❼	河津町	1°46'14"	村尾 奏空	河津南小5	⑩ 6'06"
❽	川根本町	1°46'43"	秋田 一寿	中川根第一小6	⑧ 5'56"
❾	西伊豆町	1°47'07"	井堀 玲音	賀茂小5	⑨ 6'05"
❿	南伊豆町	1°48'34"	渡邉 勘太	南中小6	⑥ 5'49"
⓫	松崎町	1°50'41"	髙橋 舵真	松崎小5	⑪ 6'15"
⓬	東伊豆町	1°53'14"	中嶋 祐貴	熱川小6	⑫ 6'35"

区間最高記録	市の部●	5分05秒	山内 真潤（湖西市・第18回大会）
	町の部●	5分15秒	出田 義貴（函南町・第18回大会）
	町の部●		露木 道麻（長泉町・第19回大会）

市の部の上位争いは落ち着きを見せる。町の部は、首位と37秒差でたすきを受けた2位清水町の森野が大活躍。850m付近で函南町の渡邊をとらえて首位に立ち、さらに約2分差に突き放した。

26

区間賞

●町の部●
森野夏歩（清水町・ユニクロ）

●市の部●
清水真帆（静岡市清水・ヤマダ電機）

●市の部

順位	チーム	総合記録	走者名	所 属	区間順位・記録
①	御殿場市	1°42'19"	森川友紀子	陸上自衛隊滝ヶ原駐屯地	⑤10'01"
②	静岡市静岡	1°44'23"	加藤詩帆加	大阪学院大2	③ 9'46"
③	浜松市西部	1°45'14"	牛 佳慧	拓殖大1	② 9'39"
④	浜松市中央	1°45'53"	渡邉 喜恵	スズキ浜松AC	⑥10'05"
⑤	浜松市北部	1°46'17"	磯部 元美	主婦	⑦10'20"
⑥	富士市	1°46'29"	上杉 愛	玉川大4	⑬10'49"
⑦	富士宮市	1°47'03"	朝日 春瑠	日体大2	④ 9'57"
⑧	裾野市	1°47'46"	永田 幸栄		⑫10'43"
⑨	磐田市	1°47'57"	太田 明里	東洋大3	⑩10'33"
⑩	島田市	1°48'06"	秋山 瑠奈	島田市陸協	⑨10'32"
⑪	湖西市	1°49'14"	堀川はる菜	ダイシンプラント	⑲11'24"
⑫	袋井市	1°49'17"	高木 理瑚	掛川特別支援学校講師	⑱11'10"
⑬	静岡市清水	1°50'06"	清水 真帆	ヤマダ電機	① 9'28"
⑭	沼津市	1°50'44"	西島 百香	武蔵丘短大2	⑮10'58"
⑮	藤枝市	1°51'10"	田中千穂子	芙蓉リサーチ	㉑11'33"
⑯	牧之原市	1°51'17"	大石由美子	日機装	⑪10'40"
⑰	焼津市	1°51'20"	佐野亜友美	パート主婦	⑭10'56"
⑱	熱海市	1°51'49"	立見 真央	中京大2	⑮10'58"
⑲	菊川市	1°52'17"	宮城 葵	アプロス菊川	⑧10'30"
⑳	伊東市	1°52'51"	長谷川葉月	静岡大1	⑰11'01"
㉑	掛川市	1°52'58"	大石ますみ	菊川六郷小教諭	㉔11'54"
㉒	御前崎市	1°55'08"	藤井 紗希	佐藤工業	⑳11'26"
㉓	下田市	1°55'13"	若林 美歩	東京学芸大3	㉖13'22"
㉔	伊豆の国市	1°55'40"	穐山 恭野	田京幼稚園教諭	㉕12'11"
㉕	三島市	1°57'57"	北村 洸	日大1	㉓11'53"
㉖	伊豆市	1°59'59"	太田 裕子	明電舎	㉒11'49"

●町の部

順位	チーム	総合記録	走者名	所 属	区間順位・記録
①	清水町	1°47'28"	森野 夏歩	ユニクロ	① 9'38"
②	函南町	1°49'27"	渡邊 望帆	日大三島高・中職員	⑥12'14"
③	吉田町	1°50'17"	大石 未咲	静岡吉田AC	⑤12'09"
④	小山町	1°50'36"	室伏 香音	大阪学院大2	② 9'58"
⑤	長泉町	1°52'50"	大橋佑佳里	常葉大4	⑦12'24"
⑥	森町	1°58'03"	川崎 里咲	SMILEY ANGEL	⑪13'02"
⑦	西伊豆町	1°58'44"	陳野 にこ	さとづくり総合研究所	④11'37"
⑧	川根本町	1°59'17"	石川 愛理	吉田町立中央小教諭	⑧12'34"
⑨	河津町	1°59'33"	正木 瑠香	帝京大4	⑫13'19"
⑩	南伊豆町	2°01'20"	山本 麻衣	東京経済大3	⑨12'46"
⑪	松崎町	2°01'57"	高見 育美	日本国民食	③11'16"
⑫	東伊豆町	2°06'03"	佐藤 歩		⑩12'49"

区間最高記録
市の部● 9分16秒 清水 真帆（静岡市清水・第18回大会）
町の部● 9分06秒 渡邊菜々美（函南町・第19回大会）

上位に大きな動きはない。島田市の杉本が区間賞の走りで3人を抜き、7位に浮上した。6位の富士市も渡邉の快走で上位に詰め寄る。清水町は10区の森野がつくった貯金を使いながら、首位を守った。

区間賞

●町の部●
菅沼翔也（函南町・韮山高2）

●市の部●
杉本訓也（島田市・島田高2）

●市の部

順位	チーム	総合記録	走者名	所属	区間順位・記録
❶	御殿場市	1°55'27"	橋川　和直	加藤学園高3	⑩13'08"
❷	静岡市静岡	1°57'25"	齊藤　光希	藤枝明誠高2	⑥13'02"
❸	浜松市西部	1°58'12"	三潟　憲人	藤枝明誠高2	④12'58"
❹	浜松市中央	1°58'58"	村松　敬哲	浜松商高3	⑧13'05"
❺	浜松市北部	1°59'10"	竹尾　颯真	浜松工高3	③12'53"
❻	富士市	1°59'12"	渡邉　響太	加藤学園高3	②12'43"
❼	島田市	2°00'43"	杉本　訓也	島田高2	①12'37"
❽	富士宮市	2°00'48"	上倉　詩穏	富士宮東高2	⑳13'45"
❾	裾野市	2°01'10"	飯塚　厚	浜松商高2	⑭13'24"
❿	磐田市	2°01'10"	鈴木　創太	浜松日体高2	⑪13'13"
⑪	湖西市	2°02'38"	牛田　陸翔	浜松商高1	⑭13'24"
⑫	静岡市清水	2°03'41"	望月　遥平	御殿場西高3	⑱13'35"
⑬	沼津市	2°03'59"	内野　裕介	加藤学園高2	⑫13'15"
⑭	牧之原市	2°04'19"	櫻井　健人	常葉大菊川高2	⑥13'02"
⑮	焼津市	2°04'26"	鷲巣陸之進	東海大静岡翔洋高2	⑨13'06"
⑯	藤枝市	2°04'31"	皆見　瞬助	藤枝明誠高1	⑬13'21"
⑰	袋井市	2°05'46"	伊藤　聡平	浜松商高1	㉖16'29"
⑱	菊川市	2°05'51"	松下直於人	藤枝明誠高3	⑰13'34"
⑲	掛川市	2°05'56"	松浦　海瑠	浜松西高1	④12'58"
⑳	伊東市	2°06'30"	塩谷　駿太	加藤学園高2	⑲13'39"
㉑	熱海市	2°06'34"	小竹　淳平	三島北高1	㉒14'45"
㉒	伊豆の国市	2°09'09"	田口　零大	韮山高3	⑯13'29"
㉓	下田市	2°09'28"	佐藤　匠瑛	藤枝明誠高1	㉑14'15"
㉔	御前崎市	2°10'42"	武田　悠佑	浜岡中2	㉕15'34"
㉕	三島市	2°13'06"	杉山　恭平	中郷西中3	㉔15'09"
㉖	伊豆市	2°15'01"	旭　健汰	中伊豆中3	㉓15'02"

●町の部

順位	チーム	総合記録	走者名	所属	区間順位・記録
❶	清水町	2°01'40"	秋山　海陽	市立沼津高1	⑦14'12"
❷	函南町	2°02'46"	菅沼　翔也	韮山高2	①13'19"
❸	吉田町	2°03'37"	水野　健太	吉田中3	②13'20"
❹	小山町	2°04'31"	細谷　悠人	加藤学園高3	⑤13'55"
❺	長泉町	2°06'20"	千葉　一輝	韮山高2	③13'30"
❻	森町	2°11'46"	伊藤　海心	浜松商高1	④13'43"
❼	西伊豆町	2°13'07"	平野　勇輝	松崎高1	⑧14'23"
❽	河津町	2°13'35"	大橋　歩	下田高1	⑥14'02"
❾	川根本町	2°14'13"	鳥澤　圭佑	本川根中2	⑩14'56"
❿	南伊豆町	2°15'59"	秋山　葉音	南伊豆東中3	⑨14'39"
⑪	松崎町	2°18'31"	稲葉　初樹	松崎高1	⑫16'34"
⑫	東伊豆町	2°21'13"	藤邉　心海	稲取中3	⑪15'10"

区間最高記録	市の部● 12分22秒　上杉　綾（磐田市・第18回大会）
	町の部● 12分12秒　藤曲　寛人（小山町・第16回大会）

御殿場市がトップを守り切ってゴール。2位の静岡市静岡は浜松市西部の追い上げを振り切り、富士市は中村の区間賞で4位に食い込んだ。清水町の大森は、吉田町の三輪の区間新の猛追をしのいだ。

30

区間賞

町の部
三輪晋大朗（吉田町・NTN）

市の部
中村泰之（富士市・スズキ浜松AC）

●市の部

順位	チーム	総合記録	走者名	所属	区間順位・記録	
❶	御殿場市	2°09'29"	山下　伸一	陸上自衛隊滝ヶ原駐屯地	②14'02"	
❷	静岡市静岡	2°12'22"	伊藤　誠	木内建設	⑬14'57"	
❸	浜松市西部	2°12'49"	飯田　晃大	明治大3	⑧14'37"	
❹	富士市	2°13'10"	中村　泰之	スズキ浜松AC	①13'58"	多
❺	浜松市中央	2°13'25"	前川　優月	東京国際大3	④14'27"	
❻	浜松市北部	2°13'36"	鈴木　覚	スポーツタウンメイセイ	③14'26"	
❼	島田市	2°15'11"	片川　準二	スズキ浜松AC	⑤14'28"	
❽	富士宮市	2°15'21"	遠藤　直基	ニッピコラーゲン工業	⑦14'33"	
❾	磐田市	2°16'16"	杉浦　直	磐田市陸協	⑰15'06"	
❿	裾野市	2°16'29"	山本　祥平	裾野市役所	⑲15'19"	
⓫	湖西市	2°18'11"	宍井　一滋	湖西市消防本部	㉑15'33"	
⓬	静岡市清水	2°18'39"	鈴木　駿	袋井特別支援学校臨時講師	⑭14'58"	
⓭	沼津市	2°19'02"	三須龍一郎	アルペングループ	⑯15'03"	
⓮	藤枝市	2°19'14"	片山　優人	日本郵便	⑩14'43"	
⓯	焼津市	2°19'32"	渡辺　裕晴	富士市役所	⑰15'06"	
⓰	袋井市	2°20'44"	香川　琉太	ダイオ化成	⑭14'58"	
⓱	牧之原市	2°20'55"	片瀬　祐樹	相模原市役所	㉕16'36"	
⓲	伊東市	2°21'22"	関　颯介	東京経済大2	⑪14'52"	
⓳	菊川市	2°21'36"	宮城　昂祈	掛川市消防本部	㉒15'45"	
⓴	掛川市	2°21'52"	染葉　涼馬	掛川市消防本部	㉔15'56"	
㉑	熱海市	2°21'54"	徳田　勝幸	帝京大2	⑳15'20"	
㉒	伊豆の国市	2°25'04"	高橋　拓也	桜美林大2	㉓15'55"	
㉓	御前崎市	2°25'14"	横山　諒	スズキ浜松AC	⑥14'32"	
㉔	下田市	2°26'57"	土屋武憂亜	下田OA	㉖17'29"	
㉕	三島市	2°28'00"	板垣　辰矢	時之栖	⑫14'54"	
㉖	伊豆市	2°29'42"	大川　歩夢	東京経済大1	⑨14'41"	

●町の部

順位	チーム	総合記録	走者名	所属	区間順位・記録	
❶	清水町	2°17'13"	大森　郁夫	おおしろ整形外科クリニック	⑦15'33"	
❷	吉田町	2°17'26"	三輪晋大朗	NTN	①13'49"	新
❸	函南町	2°18'13"	橋本　隼輔	丹那牛乳	⑤15'27"	
❹	小山町	2°19'06"	室伏　穂高	スズキ浜松AC	②14'35"	
❺	長泉町	2°21'10"	小林　翔大	陸上自衛隊滝ヶ原駐屯地	③14'50"	
❻	森町	2°26'45"	三郷　一輝	ユニバーサルエンターテインメント	④14'59"	
❼	河津町	2°29'25"	鈴木　丈太	信州大3	⑨15'50"	
❽	川根本町	2°29'54"	鈴木　龍弥	東海大院2	⑧15'41"	
❾	西伊豆町	2°30'07"	田中　泰斗	西伊豆消防署	⑫17'00"	
❿	南伊豆町	2°32'15"	山本　陽介	梓友会	⑩16'16"	
⓫	松崎町	2°34'47"	石田　達也	松崎小非常勤職員	⑩16'16"	
⓬	東伊豆町	2°36'42"	加藤　廣貴	清水特別支援学校教諭	⑥15'29"	

区間最高記録	市の部● 13分58秒　中村　泰之（富士市・第18、20回大会）
	町の部● 13分49秒　三輪晋大朗（吉田町・第20回大会）

女子

男子

●市の部●

順位	選手名	チーム	タイム
1	ヘリヤー紗羅	熱海市	4分59秒55
2	半田帆乃花	富士市	5分00秒33
3	前澤 琉音	静岡市清水	5分10秒25
4	鈴木 愛理	菊川市	5分11秒40
5	原 華凜	湖西市	5分12秒23
6	若林 鈴音	湖西市	5分12秒89
7	原田 りの	掛川市	5分16秒40
8	城 ゆめの	御殿場市	5分17秒03
9	和田 心	浜松市北部	5分21秒15
10	池谷 凜	静岡市静岡	5分23秒02
11	中谷 里緒	藤枝市	5分23秒37
12	坂本未怜唯	御前崎市	5分23秒59
13	小林 桜空	磐田市	5分24秒99
14	石川 美桜	裾野市	5分25秒76
15	伊藤 遼	袋井市	5分27秒06
16	山下美響名	浜松市西部	5分27秒60
17	平田 栞	伊東市	5分28秒69
18	䬴さくらジュリアナ	焼津市	5分30秒45
19	野田明日香	三島市	5分31秒15
20	齋藤 羽音	伊豆の国市	5分35秒98
21	上原 唯花	富士宮市	5分36秒20
22	佐久間結渚	下田市	5分36秒39
23	澤本 碧衣	牧之原市	5分50秒37
24	水口 琉花	伊豆市	5分51秒77
25	木部 美織	沼津市	5分54秒24

●町の部●

順位	選手名	チーム	タイム
1	荒井 美優	小山町	5分25秒54
2	大井 唯那	吉田町	5分28秒26
3	鈴木 澪	河津町	5分31秒20
4	田代実乃璃	長泉町	5分32秒00
5	近藤 凜奈	清水町	5分35秒09
6	村松 明美	川根本町	5分40秒86
7	堤 月姫	西伊豆町	5分43秒95
8	田中沙宮良	松崎町	5分49秒69
9	福士 奈桜	函南町	5分49秒85
10	細井 萌那	森町	5分53秒20
11	飯田 凜音	東伊豆町	6分00秒83
12	石田 やや	森町	6分21秒50
13	渡邉 結	南伊豆町	6分32秒99

順位	選手名	チーム	タイム
1	宮本 大輔	磐田市	4分49秒02
2	齋藤 操汰	浜松市中央	4分50秒05
3	栗田 暖士	富士市	4分51秒39
4	冨樫 玲音	裾野市	4分55秒91
5	寺井 大地	御前崎市	4分56秒19
6	岡田 伽生	熱海市	4分57秒01
7	岩谷 卓磨	浜松市西部	4分58秒48
8	渡邉 洸	富士宮市	5分02秒21
9	小菅 敬太	伊東市	5分02秒53
10	大畑 護	藤枝市	5分04秒75
11	須貝 陽太	袋井市	5分04秒93
12	田光 駿太	浜松市北部	5分06秒24
13	滝澤 憲	静岡市清水	5分06秒88
14	渡辺 玲哉	菊川市	5分07秒05
15	佐藤 嘉紀	掛川市	5分08秒16
16	中野 遥翔	御殿場市	5分11秒07
17	村松 詩穏	静岡市静岡	5分11秒51
18	小澤 彪斗	島田市	5分14秒32
19	笹本 幸希	三島市	5分14秒72
20	秋鹿 誉彦	沼津市	5分15秒50
21	岩崎駿一朗	三島市	5分17秒48
22	石垣 好誠	島田市	5分19秒60
23	若林 敬太	下田市	5分21秒46
24	中田 晴士	伊豆の国市	5分22秒05
25	中村 光祐	牧之原市	5分25秒65
26	勝呂 登真	伊豆市	5分27秒88

順位	選手名	チーム	タイム
1	柏木 琉偉	清水町	4分59秒35
2	髙橋 涼太	函南町	5分00秒59
3	鈴木 勇志	西伊豆町	5分08秒11
4	島田 隼弥	河津町	5分14秒53
5	野口 登暉	森町	5分15秒25
6	原田 利空	吉田町	5分26秒24
7	高橋 洸太	小山町	5分26秒65
8	外岡 勇望	南伊豆町	5分26秒84
9	杉本 塁	南伊豆町	5分32秒05
10	澤本 健太	川根本町	5分33秒95
11	山田 圭佑	松崎町	5分34秒33
12	富田 暖	長泉町	5分40秒84
13	山田 政弥	東伊豆町	5分47秒81

2019.
11.30

チームの記録

市町別の各選手詳細
全38チームごとの区間および総合記録

CONTENTS

熱海市 ①

市の部 **21位 2時間21分54秒**

【監　督】糠谷　康弘（網代小校長）	
【コーチ】大川慎一郎（熱海第二小教諭）	
❶ 加藤　佳怜（泉中3）	13・09㉒
❷ 藤間　敦也（熱海第一小6）	6・21⑯
❸ ヘリヤー理紗（網代小5）	5・47③
❹ 眞野　希更（沼津東高2）	12・54⑰
❺ 秋吉　星弥（加藤学園高3）	20・49⑫
❻ 大石　真裕（熱海市役所）	12・41⑮
❼ 齋藤　　志（多賀中3）	11・36⑯
❽ 古株　麻衣（熱海中2）	11・58㉓
❾ 小川　知紘（熱海第一小6）	5・36⑮
❿ 立見　真央（中京大2）	10・58⑮
⓫ 小竹　淳平（三島北高1）	14・45㉒
⓬ 徳田　勝幸（帝京大2）	15・20⑳
岡田　伽生（多賀小6）	
ヘリヤー紗羅（網代小5）	
漆原　幹人（熱海中2）	
小林　翔新（泉中1）	
鹿田ほつみ（熱海中3）	
渥美　寿未（田方農高1）	
小松　瑞歩（東海医療学園専1）	
根橋　　徹（熱海高教諭）	
水越　元洋（ガイアコミュニケーションズ）	

🄳ATA

［最高成績］ 第18回（2017年）21位 2時間22分18秒

2018年	第19回	市の部22位	2時間24分36秒
2017年	第18回	市の部21位	2時間22分18秒
2016年	第17回	市の部22位	2時間24分49秒
2015年	第16回	市の部22位	2時間25分22秒
2014年	第15回	市の部27位	2時間31分14秒
2013年	第14回	市の部25位	2時間29分15秒

Atami City

2019年　第20回記念
しずおか市町対抗駅伝

░░░░░░░░░░░░░░ 総 合 成 績 ░░░░░░░░░░░░░░

● 市の部

順位	チーム	総合記録
1	御殿場市	2時間09分29秒
2	静岡市静岡	2時間12分22秒
3	浜松市西部	2時間12分49秒
4	富士市	2時間13分10秒
5	浜松市中央	2時間13分25秒
6	浜松市北部	2時間13分36秒
7	島田市	2時間15分11秒
8	富士宮市	2時間15分21秒
9	磐田市	2時間16分16秒
10	裾野市	2時間16分29秒
11	湖西市	2時間18分11秒
12	静岡市清水	2時間18分39秒
13	沼津市	2時間19分02秒
14	藤枝市	2時間19分14秒
15	焼津市	2時間19分32秒
16	袋井市	2時間20分44秒
17	牧之原市	2時間20分55秒
18	伊東市	2時間21分22秒
19	菊川市	2時間21分36秒
20	掛川市	2時間21分52秒
21	熱海市	2時間21分54秒
22	伊豆の国市	2時間25分04秒
23	御前崎市	2時間25分14秒
24	下田市	2時間26分57秒
25	三島市	2時間28分00秒
26	伊豆市	2時間29分42秒

※入賞は10位まで

● 町の部

順位	チーム	総合記録
1	清水町	2時間17分13秒
2	吉田町	2時間17分26秒
3	函南町	2時間18分13秒
4	小山町	2時間19分06秒
5	長泉町	2時間21分10秒
6	森　町	2時間26分45秒
7	河津町	2時間29分25秒
8	川根本町	2時間29分54秒
9	西伊豆町	2時間30分07秒
10	南伊豆町	2時間32分15秒
11	松崎町	2時間34分47秒
12	東伊豆町	2時間36分42秒

※入賞は6位まで

【敢闘賞】《市の部》下田市、御前崎市、藤枝市、伊東市
　　　　　《町の部》西伊豆町、川根本町

【ふるさと賞】（人口1万人未満の市町の1位）　河津町

※ ⑳は20回連続エントリー

下田市 3

【監　督】渡邉　洋之（下田敷根JC）	
【コーチ】鈴木　勝弓（下田OA）	
❶ 菊地　菜央（下田高1）	12・22⑭
❷ 山本　璃音（下田小6）	6・23⑰
❸ 土屋　絢加（白浜小6）	6・19㉔
❹ 片井　麻琴（下田高2）	13・27㉒
❺ 本村　春人（韮山高2）	22・20㉔
❻ 鈴木　勝弓（下田OA）	11・39③
❼ 本村　啓人（下田中3）	12・41㉖
❽ 髙橋　夢花（下田中1）	11・01⑫
❾ 小川　優人（下田小5）	5・39⑳
❿ 若林　美歩（東京学芸大3）	13・22㉖
⓫ 佐藤　匠瑛（藤枝明誠高1）	14・15㉑
⓬ 土屋武憂亜（下田OA）	17・29㉖
若林　敬太（下田小6）	
佐久間結渚（大賀茂小5）	
加藤　瑛太（下田中1）	
藤井　逗太（下田東中2）	
ニックス恵梨（下田中3）	
江田　望実（下田高2）	
齋藤美保子（三星電機）	
進士　幹人（下田市観光協会）	
髙橋　秀卓（アイ・イー・シー）	

DATA

〔最高成績〕第3回（2002年）18位 2時間29分24秒

2018年 第19回	市の部26位	2時間31分31秒
2017年 第18回	市の部27位	2時間30分17秒
2016年 第17回	市の部26位	2時間30分34秒
2015年 第16回	市の部27位	2時間32分39秒
2014年 第15回	市の部26位	2時間30分40秒
2013年 第14回	市の部27位	2時間31分54秒

Shimoda City

伊東市 2

【監　督】稲本多津郎（伊東市体協）⑳	
【コーチ】稲葉弘一郎（伊東市役所）	
❶ 守塚　梨奈（知徳高1）	12・44⑱
❷ 小西　佑昌（伊東東小6）	6・18⑮
❸ 今井美羽奈（伊東南小6）	5・57⑪
❹ 鈴木　美遥（対島中1）	13・22㉑
❺ 黒澤　大生（浜松日体高3）	20・58⑯
❻ 千葉　俊和（東部特別支援学校）	13・44㉖
❼ 村上　歩夢（伊東南中3）	11・23⑩
❽ 肥田ひより（対島中3）	12・07㉕
❾ 村上　陽汰（大池小6）	5・17②
❿ 長谷川葉月（静岡大1）	11・01⑰
⓫ 塩谷　駿太（加藤学園高2）	13・39⑲
⓬ 関　　颯介（東京経済大2）	14・52⑪
小菅　敬太（富戸小6）	
平田　　栞（八幡野小5）	
鈴木　陽斗（伊東南中2）	
小黒　琴美（門野中2）	
五通　広喜（加藤学園高1）	
宮内　春花（伊東高2）	
安立　弘樹（帝京大4）	
飯泉亜美紗（駿東伊豆消防本部）	
鶴田　　勇（ヤマト運輸）	

DATA

〔最高成績〕第1回（2000年）13位 2時間27分45秒

2018年 第19回	市の部23位	2時間24分55秒
2017年 第18回	市の部22位	2時間23分04秒
2016年 第17回	市の部23位	2時間27分08秒
2015年 第16回	市の部21位	2時間24分47秒
2014年 第15回	市の部19位	2時間23分20秒
2013年 第14回	市の部21位	2時間26分16秒

Ito City

伊豆の国市 5

伊豆市 4

	【監　督】坂本　達也（日本通運）		
	【コーチ】水口　明士（東芝機械）		
1	吉田　来百	（長岡中2）	13・22㉔
2	師岡　孝多	（韮山南小6）	6・40㉓
3	鈴木　愛瑠	（長岡南小6）	6・14㉑
4	鈴木　彩夏	（大仁中2）	13・00⑳
5	大嶽　昂士	（伊豆中央高1）	21・49㉑
6	橋口　博之	（橋口商工社）	12・20⑩
7	田村　高輝	（長岡中3）	12・22㉕
8	福士　茜	（韮山中1）	11・52㉒
9	菊地　彪夏	（長岡南小6）	5・50㉓
10	穐山　恭野	（田京幼稚園教諭）	12・11㉕
11	田口　零大	（韮山高3）	13・29⑯
12	高橋　拓也	（桜美林大2）	15・55㉓
	中田　晴士	（長岡北小5）	
	齋藤　羽音	（韮山南小5）	
	山岸　永汰	（韮山中1）	
	髙木　咲空	（韮山中1）	
	齋藤　優那	（韮山中2）	
	園田　聖人	（韮山高2）	
	海瀬　大介	（日大3）	
	嵩井　明子	（白寿医療学院教諭）	
	村越　智裕	（東芝テック）	

Ｄ ＡＴＡ

〔最高成績〕第6回（2005年）9位 2時間21分26秒

2018年	第19回	市の部21位	2時間24分24秒
2017年	第18回	市の部24位	2時間26分19秒
2016年	第17回	市の部25位	2時間27分58秒
2015年	第16回	市の部25位	2時間27分06秒
2014年	第15回	市の部24位	2時間26分56秒
2013年	第14回	市の部22位	2時間27分08秒

	【監　督】亀山　誠彦（長岡中学校）		
	【コーチ】酒井　隼人（伊豆市役所職員）		
1	内田　桃花	（伊豆中央高3）	14・15㉕
2	落合　廉	（熊坂小6）	6・42㉔
3	片衞　七海	（土肥小中一貫校6）	6・18㉓
4	伊郷　若葉	（中伊豆中2）	14・37㉖
5	芹澤　匡哉	（伊豆総合高3）	22・29㉕
6	飯田　聡	（飯田産業工作所）	12・42⑯
7	髙田　恭羽	（中伊豆中3）	12・15㉔
8	菊地はるか	（中伊豆中2）	12・44㉖
9	大杉　立	（中伊豆小6）	6・08㉖
10	太田　裕子	（明電舎）	11・49㉒
11	旭　健汰	（中伊豆中3）	15・02㉓
12	大川　歩夢	（東京経済大1）	14・41⑨
	勝呂　登真	（土肥小中一貫校4）	
	水口　琉花	（熊坂小6）	
	髙林　蓮	（修善寺中3）	
	丸山紗也加	（修善寺中3）	
	勝呂　英太	（韮山高1）	
	荻島　彩	（鎌倉女子大3）	
	鈴木　潤	（専修大4）	
	鈴木　享	（会社員）	

Ｄ ＡＴＡ

〔最高成績〕第14回（2013年）20位 2時間26分13秒

2018年	第19回	市の部25位	2時間31分04秒
2017年	第18回	市の部26位	2時間28分11秒
2016年	第17回	市の部27位	2時間31分50秒
2015年	第16回	市の部26位	2時間31分27秒
2014年	第15回	市の部25位	2時間29分21秒
2013年	第14回	市の部20位	2時間26分13秒

御殿場市 7

市の部 1位 **2時間09分29秒**

	【監督】滝口　兼光（御殿場市体協）	
	【コーチ】秋岡　達郎（東海大静岡翔洋高教諭）	
1	田代なのは（東海大静岡翔洋高2）	11・55③
2	勝又　蒼弥（御殿場南小5）	6・13⑨
3	依田　愛巳（神山小6）	5・51⑥
4	依田　来巳（東海大静岡翔洋高2）	11・52④
5	吉田　　響（東海大静岡翔洋高2）	19・20❶
6	平田　繁聡（陸上自衛隊滝ヶ原駐屯地）	11・24❶
7	馬場　大翔（御殿場中3）	新10・24❶
8	森　彩純（御殿場中3）	9・58❶
9	江良　悠翔（御殿場小6）	5・21③
10	森川友紀子（陸上自衛隊滝ヶ原駐屯地）	10・01⑤
11	橋川　和直（加藤学園高3）	13・08⑩
12	山下　伸一（陸上自衛隊滝ヶ原駐屯地）	14・02②
	中野　遥翔（御殿場南小6）	
	城　ゆめの（御殿場小6）	
	秋元　駿汰（富士岡中3）	
	藤田　悠（富士岡中3）	
	中村　由奈（御殿場中3）	
	小野　葵生（東海大静岡翔洋高1）	
	中森　紗南（御殿場総合サービス）	
	佐竹　一弘（陸上自衛隊滝ヶ原駐屯地）	
	桜井　史（陸上自衛隊豊川駐屯地）	

DATA

〔最高成績〕第19回（2018年）1位 2時間11分44秒

2018年	第19回	市の部	1位	2時間11分44秒新
2017年	第18回	市の部	7位	2時間15分01秒
2016年	第17回	市の部	2位	2時間13分14秒
2015年	第16回	市の部	3位	2時間14分52秒
2014年	第15回	市の部	3位	2時間15分39秒
2013年	第14回	市の部	2位	2時間13分01秒

Gotemba City

三島市 6

市の部 25位 **2時間28分00秒**

	【監督】江副　和章（三島市陸協）	
	【コーチ】青島　睦（旭化成ファーマ）	
1	濱村　心媛（伊豆中央高1）	14・18㉖
2	田中　謙成（向山小5）	6・27⑱
3	守村　夏帆（三島北小6）	6・17㉒
4	岩渕ほのか（伊豆中央高1）	14・13㉕
5	柚木崎直也（加藤学園高2）	23・52㉖
6	江島　洋之（三島信用金庫）	12・32⑫
7	笹本　明希（錦田中1）	12・11㉓
8	武田　亜子（三島南中2）	10・38④
9	高木　連麻（錦田小6）	5・36⑮
10	北村　洸（日大1）	11・53㉓
11	杉山　恭平（中郷西中3）	15・09㉔
12	板垣　辰矢（時之栖）	14・54⑫
	岩崎駿一朗（北上小6）	
	笹本　幸希（錦田小6）	
	野田明日香（沢地小6）	
	中野　風香（沢地小3）	
	江島　定芳（山田中1）	
	平川菜々美（北上中2）	
	松尾　康平（山梨学院高3）	
	中村　郭斗（東海大静岡翔洋高1）	
	近藤　琉華（伊豆中央高1）	
	西山　洋平（三島市役所）	

DATA

〔最高成績〕第5回（2004年）6位 2時間19分57秒

2018年	第19回	市の部	9位	2時間18分12秒
2017年	第18回	市の部	10位	2時間17分52秒
2016年	第17回	市の部	9位	2時間17分31秒
2015年	第16回	市の部	14位	2時間19分26秒
2014年	第15回	市の部	18位	2時間22分10秒
2013年	第14回	市の部	14位	2時間21分29秒

Mishima City

沼津市 9

市の部 13位 2時間19分02秒

	【監 督】片山 修（東京電力パワーグリッド）			
	【コーチ】平田 裕也（沼津市役所）⑳			
①	大橋 友聖	（沼津第五中2）	12・38	⑰
②	廣瀬 明玖	（開北小6）	6・17	⑬
③	岩本ひなた	（開北小6）	6・38	㉖
④	吉川 空	（片浜中3）	12・57	⑲
⑤	大澤 健人	（韮山高3）	20・37	⑨
⑥	西村 博光	（三島信用金庫）	12・14	⑨
⑦	鈴木 脩真	（暁秀中3）	11・34	⑭
⑧	小澤 心羽	（片浜中3）	11・14	⑯
⑨	市川 青空	（香貫小6）	5・37	⑱
⑩	西島 百香	（武蔵丘短大2）	10・58	⑮
⑪	内野 裕介	（加藤学園高2）	13・15	⑫
⑫	三須龍一郎	（アルペングループ）	15・03	⑯
	秋鹿 誉彦	（沼津第二小6）		
	木部 美織	（門池小5）		
	齋藤 凛	（沼津第五中3）		
	大橋わかば	（金岡中1）		
	大石 茜	（三島北高2）		
	二宮翔太郎	（加藤学園高1）		
	鈴木 礼愛	（駿河台大1）		
	江本 健太	（帝京平成大2）		
	川口 一喜	（ARC静岡）		

DATA

〔最高成績〕第3回（2002年）6位 2時間22分00秒

2018年	第19回	市の部13位	2時間19分30秒
2017年	第18回	市の部 9位	2時間17分13秒
2016年	第17回	市の部12位	2時間19分20秒
2015年	第16回	市の部 9位	2時間18分03秒
2014年	第15回	市の部16位	2時間21分48秒
2013年	第14回	市の部23位	2時間27分33秒

Numazu City

裾野市 8

市の部 10位 2時間16分29秒

	【監 督】小林 進（富岡中教諭）			
	【コーチ】庄司 勝彦（富岡第二小教頭）			
①	廣瀬 棚	（裾野東中2）	12・24	⑮
②	番場 翼	（富岡第一小6）	6・15	⑪
③	山木優里奈	（裾野東小6）	6・11	⑳
④	根上 真菜	（日大三島高3）	12・32	⑫
⑤	加藤 聡太	（山梨学院高3）	20・16	⑥
⑥	山中嶋秀和	（トヨタ自動車）	11・51	④
⑦	篠原 一希	（富岡中3）	11・23	⑩
⑧	岡本姫渚乃	（裾野東中2）	10・50	⑩
⑨	大庭 光輝	（深良小6）	5・21	③
⑩	永田 幸栄		10・43	⑫
⑪	飯塚 厚	（浜松商高2）	13・24	⑭
⑫	山本 祥平	（裾野市役所）	15・19	⑲
	冨樫 玲音	（富岡第二小6）		
	石川 美桜	（裾野西小6）		
	松田 拓也	（裾野東中3）		
	勝呂 遥香	（裾野東中1）		
	西川 昂希	（東海大静岡翔洋高1）		
	本多 由佳	（加藤学園高1）		
	山上 剛史	（トヨタ自動車 東富士研究所）		
	市川 美奈	（西島病院）		
	土屋 克巳	（須山新井）		

DATA

〔最高成績〕第6回（2005年）6位 2時間19分59秒

2018年	第19回	市の部 7位	2時間15分50秒
2017年	第18回	市の部11位	2時間18分09秒
2016年	第17回	市の部 7位	2時間15分41秒
2015年	第16回	市の部10位	2時間18分03秒
2014年	第15回	市の部11位	2時間18分26秒
2013年	第14回	市の部16位	2時間22分09秒

Susono City

富士宮市 11

【監 督】佐野 友信（富士厚生会）
【コーチ】堀内 英俊（富士セラミックス）

1	藤田 咲良（北山中3）	12・13⑫
2	福田 秀平（富士見小6）	6・14⑩
3	藤田 紅良（北山小6）	5・42②
4	島袋あゆみ（富士宮北高2）	12・16⑨
5	淺倉 望（富士宮西高2）	21・45⑳
6	大久保明彦（田子の浦埠頭）	11・37②
7	渡邊 莉玖（富士根南中2）	11・00⑦
8	後藤 光稀（大富士中1）	10・42⑧
9	早瀬 快人（富丘小6）	5・37⑱
10	朝日 春瑠（日体大2）	9・57④
11	上倉 詩穏（富士宮東高2）	13・45⑳
12	遠藤 直基（ニッピコラーゲン工業）	14・33⑦
	上原 唯花（富士根南小5）	
	渡邊 洸（富士見小5）	
	後藤 凜（富士根南中3）	
	橋本 昊磨（富士根南中1）	
	佐野 涼香（富士宮北高3）	
	佐野 涼介（東海大静岡翔洋高1）	
	望月 武（国士舘大1）	
	花崎奈穂子（アシアル）	
	佐野 伸司（富士フイルム静岡）	

DATA

〔最高成績〕第14回（2013年）7位 2時間17分08秒

2018年	第19回	市の部11位	2時間19分27秒
2017年	第18回	市の部13位	2時間19分03秒
2016年	第17回	市の部14位	2時間19分24秒
2015年	第16回	市の部11位	2時間18分19秒
2014年	第15回	市の部 7位	2時間17分32秒
2013年	第14回	市の部 7位	2時間17分08秒

Fujinomiya City

富士市 10

【監 督】福良 勝己（小林クリエイト）
【コーチ】工藤 清美（カインズCZ）

1	小山 和月（鷹岡中1）	12・00⑦
2	浅見 隆斗（丘小6）	5・56②
3	遠藤 杏莉（丘小6）	5・58⑫
4	渡邉悠希菜（吉原第二中2）	12・08⑧
5	漆畑 徳輝（山梨学院高3）	19・54③
6	後藤 安志（王子マテリア）	12・53⑳
7	伊東 駿（鷹岡中3）	10・52④
8	沖田 真優（岳陽中1）	10・36③
9	増田 伸羽（富士第一小6）	5・23⑤
10	上杉 愛（玉川大4）	10・49⑬
11	渡邉 響太（加藤学園高3）	12・43②
12	中村 泰之（スズキ浜松AC）	🆕13・58❶
	栗田 暖士（須津小6）	
	半田帆乃花（岩松小6）	
	藍川 颯太（岳陽中3）	
	小林 ひよ（岳陽中1）	
	山崎 兼吾（東海大静岡翔洋高1）	
	磯野 朱里（富士東高3）	
	会田 圭吾（法政大4）	
	土屋 直子（パイオラックス）	
	藤巻 耕太（セイセイトラフィック）	

DATA

〔最高成績〕第1回（2000年）1位 2時間16分12秒

2018年	第19回	市の部 3位	2時間13分49秒
2017年	第18回	市の部 2位	2時間13分16秒
2016年	第17回	市の部 8位	2時間16分29秒
2015年	第16回	市の部 4位	2時間14分53秒
2014年	第15回	市の部 5位	2時間16分22秒
2013年	第14回	市の部 3位	2時間14分32秒

Fuji City

静岡市静岡 13

市の部 **2位** **2時間12分22秒**

【監　督】松浦賢太朗（静岡県警察清水警察署）
【コーチ】吉川　　紳（藤枝東高教諭）

1	舞谷　　恵（常葉大菊川高2）	11・58⑥
2	野村　亮仁（番町小6）	6・01④
3	松下　千紗（東源台小6）	5・52⑧
4	細谷　愛子（静岡東中3）	11・27❶
5	大塚　嘉胤（山梨学院高3）	20・21⑦
6	古屋　仁浩（TKナイン）	12・00⑦
7	千々岩　暁（安東中3）	10・44②
8	松永　美空（安東中3）	10・39⑥
9	磯野　祥大（西豊田小6）	5・35⑬
10	加藤詩帆加（大阪学院大2）	9・46③
11	齊藤　光希（藤枝明誠高2）	13・02⑥
12	伊藤　　誠（木内建設）	14・57⑬
	村松　詩穏（長田西小5）	
	池谷　　凜（麻機小6）	
	永嶋　優樹（安東中3）	
	民谷　玲奈（安東中2）	
	森上　　和（清水桜が丘高3）	
	細谷奈津子（島田高2）	
	渡辺　拓海（関東学院大3）	
	稲岡　菜月（静岡県大2）	
	小西　謙司（TKナイン）	

DATA

〔最高成績〕第7回（2006年）1位 2時間15分13秒

2018年 第19回	市の部 2位	2時間13分31秒
2017年 第18回	市の部 4位	2時間14分08秒
2016年 第17回	市の部 4位	2時間13分22秒
2015年 第16回	市の部 6位	2時間15分31秒
2014年 第15回	市の部 6位	2時間16分59秒
2013年 第14回	市の部 8位	2時間17分36秒

静岡市清水 12

市の部 **12位** **2時間18分39秒**

【監　督】原田　　徹（清水特別支援学校）
【コーチ】黒柳　欣則（TOKAI）

1	滝澤かんな（富士市立高1）	13・01㉑
2	高田　光穂（清水高部東小6）	6・31㉑
3	上井　彩世（清水岡小6）	5・50⑤
4	深澤　萌々（豊川高3）	12・56⑱
5	佐藤　真人（清水桜が丘高2）	21・02⑱
6	一ノ瀬友紀夫（平成建設）	12・48⑲
7	野村　貢希（清水袖師中2）	11・43⑱
8	立川　緋彩（清水庵原中2）	11・18⑰
9	加藤　瑠晟（清水船越小6）	5・29⑧
10	清水　真帆（ヤマダ電機）	9・28❶
11	望月　遥平（御殿場西高3）	13・35⑱
12	鈴木　　駿（袋井特別支援学校臨時講師）	14・58⑭
	滝澤　　憲（清水袖師小6）	
	前澤　琉音（清水浜田小5）	
	白土　　慧（清水第二中2）	
	都田　朱音（清水第四中2）	
	塩津　吏那（清水第一中2）	
	村上　優真（静岡東高2）	
	塩津　実樹（S-net静岡）	
	堀　　健太（ヨシケイ）	
	前田　晃宏	

DATA

〔最高成績〕第4回（2003年）4位 2時間18分25秒

2018年 第19回	市の部15位	2時間21分06秒
2017年 第18回	市の部17位	2時間20分56秒
2016年 第17回	市の部15位	2時間19分44秒
2015年 第16回	市の部12位	2時間18分23秒
2014年 第15回	市の部13位	2時間20分27秒
2013年 第14回	市の部11位	2時間18分58秒

藤枝市 15

市の部 14位 2時間19分14秒

【監　督】中村　信二（藤枝アスリートクラブ）		
【コーチ】田中千穂子（藤枝アスリートクラブ）		
1	横打　陽菜（藤枝東高1）	13・18㉓
2	礒邉　孝平（岡部小6）	6・03⑤
3	瀧井　美月（藤枝小6）	6・05⑰
4	鈴木　珠恵（西益津中3）	12・53⑯
5	小林　大祐（島田高2）	20・57⑮
6	石上　真吾（藤枝市役所）⑳	11・53⑤
7	杉本　翔輝（青島中3）	11・40⑰
8	清水　美月（葉梨中2）	11・12⑮
9	杉山　智輝（青島小6）	5・36⑮
10	田中千穂子（芙蓉リサーチ）	11・33㉑
11	皆見　瞬助（藤枝明誠高1）	13・21⑬
12	片山　優人（日本郵便）	14・43⑩
	大畑　護（青島東小6）	
	中谷　里緒（高洲小6）	
	内倉　聡大（岡部中2）	
	秋山こと乃（藤枝中2）	
	増田　七菜（西益津中1）	
	遠入　綾杜（常葉大菊川高1）	
	原田　詠麻（ボディーワークホールディングス）	
	大塚桂一郎（焼津西小教諭）	
	坂下　哲也（ROUND 5）	

DATA

〔最高成績〕第12回（2011年）3位 2時間16分13秒

2018年 第19回	市の部 19位	2時間22分48秒
2017年 第18回	市の部 12位	2時間18分56秒
2016年 第17回	市の部 11位	2時間18分58秒
2015年 第16回	市の部 7位	2時間16分26秒
2014年 第15回	市の部 8位	2時間17分53秒
2013年 第14回	市の部 6位	2時間16分00秒

Fujieda City

焼津市 14

市の部 15位 2時間19分32秒

【監　督】原田洋一郎（自営業）		
【コーチ】森下　則幸（志太消防本部）		
1	宮﨑　梨央（島田高3）	12・20⑬
2	鈴木　大雅（焼津東小6）	6・28⑳
3	青野　愛琉（大井川東小5）	6・01⑭
4	青野　未翔（常葉大菊川高1）	12・38⑭
5	松村龍之介（藤枝明誠高2）	21・19⑲
6	久保田光博（ニッセー）	13・15㉓
7	岩渕　航也（豊田中3）	11・14⑨
8	大須賀琴桃（大村中2）	11・37⑳
9	平野　悠人（東益津小6）	5・32⑨
10	佐野亜友美（パート主婦）	10・56⑭
11	鷲巣陸之進（東海大静岡翔洋高2）	13・06⑨
12	渡辺　裕晴（富士市役所）	15・06⑰
	良知さくらジュリアナ（焼津東小6）	
	岩﨑華奈美（小川中1）	
	茂庭　達哉（大村中3）	
	秋山恵実香（藤枝東高1）	
	濱田　洸誠（藤枝明誠高3）	
	芝田　凪紗（静岡大3）	
	北井　智大（サッポロビール）	
	石野　宗章（FCステラ焼津）	

DATA

〔最高成績〕第2回（2001年）10位 2時間25分02秒

2018年 第19回	市の部 16位	2時間21分51秒
2017年 第18回	市の部 19位	2時間21分14秒
2016年 第17回	市の部 20位	2時間22分26秒
2015年 第16回	市の部 18位	2時間22分27秒
2014年 第15回	市の部 21位	2時間26分12秒
2013年 第14回	市の部 17位	2時間23分10秒

Yaizu City

牧之原市 17

【監　督】飯田　賢悟（牧之原市体協）

【コーチ】前田　明人（牧之原市体協）

	選手	所属	記録
1	丸山　鳳純	（常葉大菊川高3）	12・07⑩
2	山村　一心	（細江小6）	6・42㉔
3	小原　彩那	（細江小6）	6・29㉕
4	鈴木　怜奈	（島田高2）	12・02⑦
5	大澤　巧使	（島田高3）	20・46⑪
6	大澤　友裕	（大石建材）	13・27㉔
7	大関　真宙	（榛原中2）	11・45⑲
8	吉塲　深月	（榛原中2）	11・23⑱
9	堀江　准成	（坂部小6）	5・56㉔
10	大石由美子	（日機装）	10・40⑪
11	櫻井　健人	（常葉大菊川高2）	13・02⑥
12	片瀬　祐樹	（相模原市役所）	16・36㉕
	中村　光祐	（相良小5）	
	澤本　碧衣	（細江小6）	
	中田　凌介	（相良中2）	
	鈴木　音々	（相良中1）	
	松本　涼平	（榛原高2）	
	伊藤　水麗	（相良高3）	
	河守　大世	（東京経済大2）	
	鈴木　依子		
	藤田　佳将	（菜彩ファーム）	

Ｄ**ATA**

〔最高成績〕第14回（2013年）13位 2時間21分27秒

2018年 第19回	市の部17位	2時間22分08秒
2017年 第18回	市の部16位	2時間20分17秒
2016年 第17回	市の部16位	2時間19分51秒
2015年 第16回	市の部15位	2時間19分29秒
2014年 第15回	市の部14位	2時間20分35秒
2013年 第14回	市の部13位	2時間21分27秒

Makinohara City

島田市 16

フィニッシ

【監　督】増田　忠雄（島田市陸協）

【コーチ】神谷　義弘（島田市陸協）

	選手	所属	記録
1	町　碧海	（常葉大菊川高2）	11・54②
2	永野　日彩	（六合小6）	6・34㉒
3	太田　綾夢	（初倉南小6）	5・51⑥
4	清水　綾穂	（島田高3）	12・26⑩
5	山本　樹	（島田高3）	19・58⑤
6	粕谷　悠	（島田高教諭）	12・28⑪
7	大村　祐史	（初倉中2）	11・35⑮
8	渡邉　華那	（六合中2）	10・43⑨
9	野中　理央	（初倉南小6）	6・05㉕
10	秋山　瑠奈	（島田市陸協）	10・32⑨
11	杉本　訓也	（島田高2）	12・37❶
12	片川　準二	（スズキ浜松AC）	14・28⑤
	石垣　好誠	（六合小6）	
	小澤　彪斗	（大津小6）	
	小林　凜久	（金谷中1）	
	田島　愛理	（島田第一中3）	
	杉本　大祐	（藤枝明誠高3）	
	新村　瑠奈	（東海大静岡翔洋高1）	
	亀山　希	（伊久美小職員）	
	三浦　拓也	（島田市陸協）	
	杉山　文利	（マルハチ村松）	

Ｄ**ATA**

〔最高成績〕第5回（2004年）4位 2時間18分58秒

2018年 第19回	市の部12位	2時間19分27秒
2017年 第18回	市の部15位	2時間20分00秒
2016年 第17回	市の部19位	2時間22分07秒
2015年 第16回	市の部17位	2時間20分44秒
2014年 第15回	市の部12位	2時間18分58秒
2013年 第14回	市の部 9位	2時間17分42秒

Shimada City

菊川市 19

御前崎市 18

市の部 **19位 2時間21分36秒**

市の部 **23位 2時間25分14秒**

【監　督】本田　高一（法人職員）			
【コーチ】宮城　　葵（アプロス菊川）			
①	後藤　美咲（常葉大菊川高2）	12・58	⑳
②	鈴木　照基（小笠北小6）	6・17	⑬
③	縣　理穂子（横地小6）	5・56	⑩
④	赤堀　　華（菊川東中2）	12・47	⑮
⑤	落合　倭和（常葉大菊川高3）	21・57	㉒
⑥	松下　　豊（菊川市役所）	13・04	㉒
⑦	松下　晃大（岳洋中3）	11・45	⑲
⑧	赤堀　　光（岳洋中3）	11・29	⑲
⑨	落合　奏吉（六郷小6）	5・34	⑩
⑩	宮城　　葵（アプロス菊川）	10・30	⑧
⑪	松下直於人（藤枝明誠高3）	13・34	⑰
⑫	宮城　昂祈（掛川市消防本部）	15・45	㉒
	渡辺　玲哉（小笠東小6）		
	鈴木　愛理（加茂小5）		
	落合　尊翔（菊川東中2）		
	平野　楓奈（菊川東中2）		
	横山　隼飛（常葉大菊川高2）		
	栗田　真帆（常葉大菊川高2）		
	馬込　千帆（静岡県大院1）		
	富井　一仁（岳洋中教諭）		
	橋本　知典（ユニチャームプロダクツ）		

【監　督】清水　　樂（池新田高教諭）			
【コーチ】大橋　昌弘（中部プラントサービス）			
①	沖　　千都（常葉大菊川高1）	12・28	⑯
②	村松　　岳（浜岡北小6）	6・27	⑱
③	藤田　祐咲（御前崎第一小6）	5・40	❶
④	揚張　　結（浜岡中1）	13・39	㉓
⑤	植田　航生（浜岡中3）	22・11	㉓
⑥	清水　基之（トッパン・フォームズ東海）	13・30	㉕
⑦	植田　悠生（浜岡中3）	12・02	㉒
⑧	清水　　唯（浜岡中1）	12・00	㉔
⑨	漢人ひかり（御前崎第一小6）	5・45	㉒
⑩	藤井　紗季（佐藤工業）	11・26	⑳
⑪	武田　悠佑（浜岡中2）	15・34	㉕
⑫	横山　　諒（スズキ浜松AC）	14・32	⑥
	寺井　大地（御前崎第一小6）		
	坂本未怜唯（浜岡東小6）		
	植田　貴翔（御前崎中2）		
	松下　陽波（浜岡中3）		
	伊藤　大晴（島田高2）		
	松井　　彩（池新田高1）		
	丸尾　ミカ（ウエルシア）		
	長縄　知晃（中部電力）		
	榎田　勇人（中部電力）		

DATA

〔最高成績〕第11回（2010年）13位 2時間23分25秒

2018年 第19回	市の部18位	2時間22分21秒
2017年 第18回	市の部23位	2時間24分18秒
2016年 第17回	市の部21位	2時間22分52秒
2015年 第16回	市の部20位	2時間23分53秒
2014年 第15回	市の部22位	2時間26分14秒
2013年 第14回	市の部18位	2時間23分15秒

DATA

〔最高成績〕第9回（2008年）15位 2時間23分55秒

2018年 第19回	市の部24位	2時間28分54秒
2017年 第18回	市の部25位	2時間27分18秒
2016年 第17回	市の部24位	2時間27分33秒
2015年 第16回	市の部23位	2時間26分13秒
2014年 第15回	市の部23位	2時間26分41秒
2013年 第14回	市の部26位	2時間30分04秒

Kikugawa City

Omaezaki City

袋井市 ㉑

市の部 **16位** **2時間20分44秒**

	【監　督】原田　幸雄（東海物産）		
	【コーチ】大場　猛男（NTN）		
❶	久野　桜彩（常葉大菊川高2）	12・05	⑨
❷	足立　遼介（袋井西小6）	6・10	⑦
❸	松澤　凜（袋井北小6）	6・02	⑯
❹	衛藤菜々子（袋井南中2）	12・30	⑪
❺	森島　寛人（島田高3）	19・52	②
❻	牧野　誠三（袋井東小教頭）	12・47	⑰
❼	深谷　涼斗（周南中3）	12・01	㉑
❽	田添　星来（浅羽中3）	11・06	⑬
❾	窪野　快（袋井南小6）	5・34	⑩
❿	高木　理瑚（掛川特別支援学校講師）	11・10	⑱
⓫	伊藤　聡平（浜松商高1）	16・29	㉖
⓬	香川　琉太（ダイオ化成）	14・58	⑭
	須貝　陽太（袋井西小6）		
	伊藤　遼（浅羽南小6）		
	永井　藍士（浅羽中2）		
	萱野　裕月（磐田農高3）		
	櫻井　結衣（島田高3）		
	井谷　夏菜（磐田農高1）		
	平松　颯馬（国士舘大4）		
	太田　由美（心と体の元気サポーター☆YSY）		
	高橋　俊明（高橋モータース）		

Ｄ ATA

〔最高成績〕第3回（2002年）8位 2時間23分23秒

2018年	第19回	市の部14位	2時間20分46秒
2017年	第18回	市の部18位	2時間21分03秒
2016年	第17回	市の部18位	2時間21分57秒
2015年	第16回	市の部19位	2時間23分47秒
2014年	第15回	市の部20位	2時間24分25秒
2013年	第14回	市の部24位	2時間28分58秒

Fukuroi City

掛 川 市 ⑳

市の部 **20位** **2時間21分52秒**

	【監　督】原田　典明（上内田小教諭）		
	【コーチ】雑賀　友和（NTN磐田製作所）		
❶	眞田　木葉（浜松商高2）	11・58	⑤
❷	佐野　嶺（桜木小4）	6・43	㉖
❸	粂田かりん（城北小6）	6・10	⑱
❹	栗田　聖花（掛川西中2）	13・48	㉔
❺	岡島　尚矢（藤枝明誠高3）	20・45	⑩
❻	森田　尚史（山下工業研究所）	12・47	⑰
❼	松本　悠真（掛川西中3）	11・32	⑬
❽	戸塚　光梨（掛川西中1）	11・46	㉑
❾	秋山　伊吹（掛川第二小6）	5・35	⑬
❿	大石ますみ（菊川六郷小教諭）	11・54	㉔
⓫	松浦　海瑠（浜松西高1）	12・58	④
⓬	染葉　涼馬（掛川市消防本部）	15・56	㉔
	佐藤　嘉紀（城北小6）		
	原田　りの（掛川第一小6）		
	杉山　虹希（掛川北中3）		
	平尾　拓煌（掛川北中1）		
	稲村佳奈子（掛川西中1）		
	畠田　旺（島田高2）		
	杉山　晃聖（杏林堂薬局）		
	石上栄美子（加藤税理士事務所）		
	神谷　彰吾（ROKI）		

Ｄ ATA

〔最高成績〕第1回（2000年）6位 2時間24分58秒

2018年	第19回	市の部20位	2時間23分13秒
2017年	第18回	市の部20位	2時間21分38秒
2016年	第17回	市の部17位	2時間20分08秒
2015年	第16回	市の部24位	2時間27分04秒
2014年	第15回	市の部15位	2時間21分14秒
2013年	第14回	市の部19位	2時間24分34秒

Kakegawa City

浜松市中央 23

市の部　**5位**　**2時間13分25秒**

【監　督】川井　宏之 （南部中講師）
【コーチ】山本　功児 （TOMO RUN）

1	岡田　優花 （浜松開誠館高3）	12・02⑧
2	小松　凜大 （葵西小6）	5・51❶
3	河合　柚奈 （和田小5）	5・58⑫
4	兼子　心晴 （浜松市立高1）	11・58⑤
5	多島　佑樹 （浜松日体高2）	20・53⑭
6	髙木　大 （J＆Hジャパン）	11・57⑥
7	松下　永明 （湖東中3）	11・03⑧
8	宮田　怜奈 （北部中3）	10・39⑥
9	藤井　由輝 （大瀬小6）	5・27⑦
10	渡邉　喜恵 （スズキ浜松AC）	10・05⑥
11	村松　敬哲 （浜松商高3）	13・05⑧
12	前川　優月 （東京国際大3）	14・27④
	岩田　海優 （瑞穂小6）	
	齋藤　操汰 （大瀬小5）	
	辻本　奨真 （南陽中3）	
	鈴木　茜 （与進中3）	
	秋山　滉貴 （浜松西高2）	
	三﨑　由唯 （浜松北高1）	
	中尾　勇生 （杏林堂薬局）	
	髙橋　伶奈 （SMILEY ANGEL）	
	赤堀　正隆 （中部印刷）	

DATA

〔最高成績〕第8回（2007年）1位 2時間15分20秒

2018年	第19回	市の部	8位	2時間17分24秒
2017年	第18回	市の部	6位	2時間14分27秒
2016年	第17回	市の部	6位	2時間15分07秒
2015年	第16回	市の部	5位	2時間15分30秒
2014年	第15回	市の部	4位	2時間16分11秒
2013年	第14回	市の部	5位	2時間14分37秒

Hamamatsu City Cyuo

磐田市 22

市の部　**9位**　**2時間16分16秒**

【監　督】松本　寿夫 （磐田第一中教諭）
【コーチ】平野　恭利 （磐田市役所）

1	澤木　はな （常葉大菊川高3）	11・55④
2	垂水　晴斗 （豊岡南小6）	6・00③
3	松井　彩夏 （豊岡東小6）	6・10⑱
4	鈴木　優花 （磐田南高1）	12・00⑥
5	山内　亮威 （浜松日体高3）	21・00⑰
6	鈴木　清志 （浜松ホトニクス）	12・34⑭
7	永田　稜翔 （神明中3）	11・30⑫
8	蜂須賀來奈 （城山中2）	10・50⑩
9	正木　生織 （豊岡東小6）	5・25⑥
10	太田　明里 （東洋大3）	10・33⑩
11	鈴木　創太 （浜松日体高2）	13・13⑪
12	杉浦　直 （磐田市陸協）	15・06⑰
	宮本　大輔 （磐田北小6）	
	小林　桜空 （長野小5）	
	永井　克樹 （竜洋中3）	
	蜂須賀夕來 （城山中2）	
	平野　英大 （浜松商高3）	
	川井唯吏奈 （磐田南高2）	
	鈴木　麗鈴 （常葉大短大2）	
	熊岡　寛訓 （NTN磐田製作所）	
	染葉　司 （ヤマハ発動機）	

DATA

〔最高成績〕第18回（2017年）5位 2時間14分21秒

2018年	第19回	市の部	6位	2時間15分45秒
2017年	第18回	市の部	5位	2時間14分21秒
2016年	第17回	市の部	5位	2時間14分53秒
2015年	第16回	市の部	8位	2時間17分35秒
2014年	第15回	市の部	9位	2時間18分05秒
2013年	第14回	市の部	10位	2時間18分49秒

Iwata City

浜松市西部 25

| 市の部 | 3位 | 2時間12分49秒 |

【監　督】藤田　　通（浜松市陸協）
【コーチ】南　　直樹（会社員）

1	宮津希亜来（浜松開誠館高2）	12・10⑪
2	柘植　源太（中川小4）	6・09⑥
3	加藤　希花（大平台小6）	5・54⑨
4	鈴木　伶菜（浜松開誠館高3）	11・41②
5	柘植　航太（浜松日体高3）	20・36⑧
6	中村　紀博（浜松ホトニクス）	12・33⑬
7	柘植　貫太（細江中3）	10・53⑤
8	安井友真里（細江中2）	10・30②
9	小川　志生（和地小6）	5・09❶
10	牛　　佳慧（拓殖大1）	9・39②
11	三潟　憲人（藤枝明誠高2）	12・58④
12	飯田　晃大（明治大3）	14・37⑧
	岩谷　卓磨（三方原小6）	
	山下美響名（都田南小5）	
	須田　光星（入野中3）	
	澤田　結弥（細江中2）	
	原田　浩岳（浜松工高2）	
	横道　亜未（常葉大菊川高2）	
	武藤　直子（日体大4）	
	高橋　航平（SMILEY ANGEL）	
	西村　　満（SMILEY ANGEL）	

DATA

〔最高成績〕第17回（2016年）1位 2時間11分07秒

2018年	第19回	市の部	5位	2時間15分13秒
2017年	第18回	市の部	3位	2時間13分23秒
2016年	第17回	市の部	1位	2時間11分07秒
2015年	第16回	市の部	2位	2時間14分39秒
2014年	第15回	市の部	1位	2時間11分58秒
2013年	第14回	市の部	1位	2時間11分17秒

Hamamatsu City Seibu

浜松市北部 24

| 市の部 | 6位 | 2時間13分36秒 |

【監　督】杉原　勇蔵（浜松開誠館中・高教諭）
【コーチ】平野　隆久（袋井商高教諭）

1	杉森　心音（北浜中3）	11・50❶
2	鈴木　歩夢（赤佐小5）	6・15⑪
3	犬飼　梨愛（浜名小6）	6・01⑭
4	相羽　八菜（浜松日体高3）	11・44③
5	竹尾　奏哉（浜松工高3）	20・49⑫
6	藤井　博之（杏林堂薬局）	12・09⑧
7	杉浦　蒼太（北浜中2）	10・57⑥
8	鈴木しえる（北浜中1）	10・38④
9	萩原　涼太（北浜北小6）	5・34⑩
10	磯部　元美（主婦）	10・20⑦
11	竹尾　颯真（浜松工高3）	12・53③
12	鈴木　　覚（スポーツタウンメイセイ）	14・26③
	田光　駿太（中瀬小6）	
	和田　　心（浜名小5）	
	柳原　達哉（北浜中3）	
	下玉利那美（北浜中2）	
	大村　良紀（浜松商高1）	
	平田　愛佳（浜松市立高2）	
	藤田　隆寛（Honda・RC）	
	荒川　静香（陸上自衛隊第一後方支援連隊）	
	島　　康晃（光明走友会）	

DATA

〔最高成績〕第16回（2015年）1位 2時間12分09秒

2018年	第19回	市の部	4位	2時間15分12秒
2017年	第18回	市の部	1位	2時間12分39秒
2016年	第17回	市の部	3位	2時間13分18秒
2015年	第16回	市の部	1位	2時間12分09秒
2014年	第15回	市の部	2位	2時間14分34秒
2013年	第14回	市の部	4位	2時間14分33秒

Hamamatsu City Hokubu

東伊豆町 27

町の部 12位 2時間36分42秒

【監　督】土屋　政雄（地方公務員）
【コーチ】島田　友也（地方公務員）

1	山田　ゆい（下田高1）	13・33⑩
2	山﨑　洸（稲取小5）	7・03⑫
3	藤邉　妙果（稲取小5）	6・52⑪
4	山本ゆりか（熱川中1）	14・54⑫
5	鈴木　政史（稲取高2）	23・26⑨
6	竹内　司（ライフケアガーデン熱川）	14・19⑫
7	川端　郁栄（稲取中3）	13・23⑫
8	小倉　明美（熱川中2）	13・09⑫
9	中嶋　祐貴（熱川小6）	6・35⑫
10	佐藤　歩	12・49⑩
11	藤邉　心海（稲取中3）	15・10⑪
12	加藤　廣貴（清水特別支援学校教諭）	15・29⑥
	飯田　凜音（稲取小6）	
	山田　政弥（熱川小6）	
	木田真理恵（熱川中1）	
	臼井　栞菜（熱川中2）	
	竹内　楓（熱川中2）	
	中山　雄太（下田高1）	
	内山　伸浩（ナチュラルフーズ）	

DATA

〔最高成績〕第13回（2012年）8位 2時間30分48秒

2018年 第19回	町の部11位	2時間32分47秒
2017年 第18回	町の部11位	2時間33分18秒
2016年 第17回	町の部 8位	2時間31分38秒
2015年 第16回	町の部10位	2時間32分00秒
2014年 第15回	町の部 9位	2時間32分28秒
2013年 第14回	町の部 9位	2時間33分24秒

湖西市 26

市の部 11位 2時間18分11秒

【監　督】長田　裕二（湖西市役所）
【コーチ】中嶋　克太（日東電工）

1	鈴木　笑理（常葉大菊川高2）	12・50⑲
2	鈴木　光誠（岡崎小6）	6・10⑦
3	森本　さな（白須賀小6）	5・47③
4	高橋　凜羽（浜松商高2）	12・32⑫
5	尾﨑　健斗（浜松商高2）	19・57④
6	白井　丈晴（新居AC）	12・57㉑
7	山内　真潤（浜松開誠館中2）	10・46③
8	水谷　莉子（新居中3）	11・07⑭
9	村松　飛翔（新居小6）	5・44㉑
10	堀川はる菜（ダイシンプラント）	11・24⑲
11	牛田　陸翔（浜松商高1）	13・24⑭
12	宍井　一滋（湖西市消防本部）	15・33㉑
	若林　鈴音（新居小6）	
	原　華凜（鷲津小6）	
	増井　大翔（白須賀中3）	
	佃　めい（新居中3）	
	髙野　夏梨（新居中2）	
	藤井　隆成（浜松商高3）	
	疋田　凌也（常葉大4）	
	松井　美來（常葉大3）	
	飯田　涼平（スズキ）	

DATA

〔最高成績〕第18回（2017年）8位 2時間15分11秒

2018年 第19回	市の部10位	2時間18分34秒
2017年 第18回	市の部 8位	2時間15分11秒
2016年 第17回	市の部10位	2時間18分19秒
2015年 第16回	市の部16位	2時間19分38秒
2014年 第15回	市の部17位	2時間21分53秒
2013年 第14回	市の部12位	2時間20分03秒

南伊豆町 29

| 町の部 | 10位 | 2時間32分15秒 |

【監　督】桐原　健造		
【コーチ】山田　政弘（下田消防署）		
1 夛々　みな（南伊豆東中2）		14・36⑫
2 藤原　健慎（南伊豆東小6）		6・20③
3 遠藤　雫（南中小6）		6・31⑨
4 山田有紀奈（下田高2）		14・03⑪
5 外岡　賢人（下田高2）		24・32⑪
6 鈴木　護弘（下田OA）		12・04❶
7 山田　晴翔（南伊豆東中3）		11・58⑦
8 山田　朱莉（南伊豆東中1）		12・41⑩
9 渡邉　勘太（南中小6）		5・49⑥
10 山本　麻衣（東京経済大3）		12・46⑨
11 秋山　葉音（南伊豆東中3）		14・39⑨
12 山本　陽介（梓友会）		16・16⑩
杉本　塁（南伊豆東小5）		
外岡　勇望（南上小6）		
渡邉　結（南中小6）		
白井　裕大（南伊豆東中3）		
秋山　寧音（南伊豆東中2）		
夛々　礼（下田高1）		
山本　遼哉（建設技術研究所）		
朝倉　瞳（静岡赤十字病院）		
笠井　慎（稲取車体整備工場）⑳		

DATA

〔最高成績〕第14回（2013年）8位 2時間30分47秒

2018年 第19回	町の部12位	2時間33分58秒
2017年 第18回	町の部10位	2時間33分14秒
2016年 第17回	町の部11位	2時間34分16秒
2015年 第16回	町の部 9位	2時間30分52秒
2014年 第15回	町の部11位	2時間35分04秒
2013年 第14回	町の部 8位	2時間30分47秒

Minamiizu Town

河津町 28

| 町の部 | 7位 | 2時間29分25秒 |

【監　督】大坪　宏（卓設計工房）		
【コーチ】村串　弘親（地方公務員）		
1 酒井　涼帆（河津中2）		13・21⑧
2 稲葉　昊希（河津南小6）		6・45⑩
3 酒井　鈴奈（河津南小5）		6・10⑥
4 木下小百合（下田高1）		13・47⑩
5 正木　楓（藤枝明誠高2）		22・08⑤
6 鳥澤　祐一（下田高教諭）		12・35⑤
7 菊地　祐明（河津中3）		13・20⑪
8 山本　紗弥（河津中1）		12・02⑥
9 村尾　奏空（河津南小5）		6・06⑩
10 正木　瑠香（帝京大4）		13・19⑫
11 大橋　歩（下田高1）		14・02⑥
12 鈴木　丈太（信州大3）		15・50⑨
島田　隼弥（河津南小5）		
鈴木　澪（河津南小5）		
野田連太郎（河津中1）		
植田　愛子（河津中2）		
西村　雫（河津中2）		
半田　和輝（稲取高3）		
谷　和可子（北里大1）		
鈴木　健五（大賀茂小校長）		
片山　径介（河津東小教諭）⑳		

DATA

〔最高成績〕第16回（2015年）6位 2時間27分05秒

2018年 第19回	町の部 6位	2時間27分56秒
2017年 第18回	町の部 6位	2時間27分54秒
2016年 第17回	町の部10位	2時間33分38秒
2015年 第16回	町の部 6位	2時間27分05秒
2014年 第15回	町の部 8位	2時間31分21秒
2013年 第14回	町の部11位	2時間34分31秒

Kawazu Town

西伊豆町 31

【町の部】 9位 2時間30分07秒

【監　督】渥美　貴弘（賀茂小教諭）		
【コーチ】山田　麻衣（東部特別支援学校伊豆松崎分校）		
1	藤井　　葵（松崎高3）	13・15⑦
2	山本　來夢（田子小6）	6・30⑥
3	鈴木　華恋（仁科小6）	6・52⑪
4	石田　萌音（下田高2）	13・39⑨
5	加藤　月永（加藤学園高2）	22・23⑦
6	井堀　浩央（藤高造船）	13・16⑨
7	鈴木虎汰郎（西伊豆中3）	12・59⑩
8	朝倉　陽菜（西伊豆中1）	12・08⑦
9	井堀　玲音（賀茂小5）	6・05⑨
10	陳野　にこ（さとづくり総合研究所）	11・37④
11	平野　勇輝（松崎高1）	14・23⑧
12	田中　泰斗（西伊豆消防署）	17・00⑫
	鈴木　勇志（賀茂小6）	
	堤　　月姫（仁科小5）	
	宇都宮海斗（西伊豆中1）	
	堤　　健真（西伊豆中3）	
	長島　柚衣（賀茂中1）	
	森本　　凜（賀茂中1）	
	長島　　鼓（常葉大2）	
	芹沢　且彦（田子小教諭）	
	金刺　貴彦（稲生沢小教諭）⑳	

DATA
〔最高成績〕第17回（2016年）9位 2時間32分20秒

2018年	第19回	町の部10位	2時間32分43秒
2017年	第18回	町の部12位	2時間34分21秒
2016年	第17回	町の部 9位	2時間32分20秒
2015年	第16回	町の部11位	2時間33分10秒
2014年	第15回	町の部12位	2時間40分49秒
2013年	第14回	町の部12位	2時間37分00秒

Nishiizu Town

松崎町 30

【町の部】 11位 2時間34分47秒

【監　督】土屋　武彦（松崎中非常勤講師）		
【コーチ】石田　和也（松崎町役場）		
1	矢野　優歌（松崎中3）	13・34⑪
2	磯谷　怜皇（松崎小6）	6・53⑪
3	齋藤　百花（松崎小6）	6・15⑦
4	矢野　瑞葵（下田高2）	13・16⑦
5	山本　峻矢（下田高2）	25・12⑫
6	武田　拓郎（アンドーカーパーツ）	13・53⑪
7	稲葉　大晴（松崎中2）	12・23⑧
8	北島　杏結（松崎中3）	13・00⑪
9	髙橋　舵真（松崎小5）	6・15⑪
10	高見　育美（日本国民食）	11・16③
11	稲葉　初樹（松崎高1）	16・34⑫
12	石田　達也（松崎小非常勤職員）	16・16⑩
	山田　圭佑（松崎小6）	
	田中沙宮良（松崎小6）	
	田中　大喜（松崎中2）	
	佐藤　はな（松崎中3）	
	関　　公貴（松崎高1）	
	山田　采礼（松崎高2）	
	舩津　弘貴（下田消防署）	
	関　まどか（松崎十字の園）	
	関　　　剛（自営業）	

DATA
〔最高成績〕第12回（2011年）6位 2時間25分09秒

2018年	第19回	町の部 8位	2時間31分04秒
2017年	第18回	町の部 8位	2時間31分17秒
2016年	第17回	町の部 7位	2時間30分14秒
2015年	第16回	町の部 7位	2時間28分05秒
2014年	第15回	町の部 7位	2時間28分21秒
2013年	第14回	町の部 6位	2時間25分41秒

Matsuzaki Town

清水町 ③③

【監　督】朝倉　和也（裾野東中校長）⑳			
【コーチ】鈴木　瞳（清水中教諭）			
❶	齋藤　みう	（伊豆中央高2）	12・07③
❷	芝田　達	（清水南小6）	6・15②
❸	石田　結子	（清水南小6）	5・56②
❹	伊藤　夢	（山梨学院高3）	新11・46❶
❺	大井　陸翔	（日大三島高2）	21・28③
❻	近藤　泉	（西濃運輸）	12・33④
❼	西郷　武史	（清水中2）	11・42⑤
❽	関　美澪	（清水中3）	10・20❶
❾	中田　悠樹	（清水小6）	5・43⑤
❿	森野　夏歩	（ユニクロ）	9・38❶
⓫	秋山　海陽	（市立沼津高1）	14・12⑦
⓬	大森　郁夫	（おおしろ整形外科クリニック）	15・33⑦
	柏木　琉偉	（清水南小6）	
	近藤　凜奈	（清水小5）	
	関　律哉	（清水中1）	
	世古　凪沙	（清水中1）	
	真野　幹大	（加藤学園高1）	
	宮下　りの	（加藤学園高3）	
	佐野　正和	（スポウエル健身塾）	

DATA

〔最高成績〕第19回（2018年）2位 2時間21分36秒

2018年 第19回	町の部	2位	2時間21分36秒
2017年 第18回	町の部	3位	2時間20分43秒
2016年 第17回	町の部	3位	2時間20分40秒
2015年 第16回	町の部	3位	2時間20分32秒
2014年 第15回	町の部	4位	2時間22分40秒
2013年 第14回	町の部	4位	2時間23分28秒

Shimizu Town

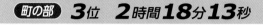

函南町 ③②

【監　督】土屋　洋治（函南町陸協）			
【コーチ】棚井　郁夫（函南町役場）			
❶	菅田　もも	（日大三島高2）	11・59②
❷	鈴木　康允	（函南小6）	6・21④
❸	斎藤　未愛	（函南東小6）	5・46❶
❹	小池　羽純	（伊豆中央高2）	12・31④
❺	山本　蓮	（加藤学園高3）	20・52❶
❻	日向　嘉紀	（陸上自衛隊滝ヶ原駐屯地）	12・17②
❼	堀部　隼暉	（函南中3）	11・35④
❽	斎藤　愛莉	（函南東中2）	10・23②
❾	久保田高碧	（函南東小6）	5・29❶
❿	渡邊　望帆	（日大三島高・中職員）	12・14⑥
⓫	菅沼　翔也	（韮山高2）	13・19❶
⓬	橋本　隼輔	（丹那牛乳）	15・27⑤
	髙橋　涼太	（函南小6）	
	福士　奈桜	（函南小6）	
	溝田　康貴	（函南中3）	
	小池　湧都	（函南中3）	
	渕　瑚春	（函南中2）	
	岩城　充祐	（伊豆中央高2）	
	近藤　壮真	（慶應義塾大2）	
	渡邊菜々美	（パナソニック）	
	石井　俊也	（函南RC）	

DATA

〔最高成績〕第19回（2018年）1位 2時間16分30秒

2018年 第19回	町の部	1位	2時間16分30秒新
2017年 第18回	町の部	1位	2時間18分43秒
2016年 第17回	町の部	2位	2時間19分38秒
2015年 第16回	町の部	1位	2時間17分11秒
2014年 第15回	町の部	2位	2時間18分18秒
2013年 第14回	町の部	3位	2時間20分00秒

Kannami Town

○ 小山町 35

【監　督】室伏　剛 ⑳
【コーチ】湯山さゆり（富士小山GC）

1	モア　　綺蘭（須走中1）	12·53⑥
2	永井　雅士（北郷小6）	6·33⑧
3	外屋　樹奈（須走小6）	6·02③
4	宗像　愛実（加藤学園高2）	12·22③
5	岩田　直也（沼津東高2）	22·13⑥
6	綱村　尚昭（陸上自衛隊富士学校）	12·23③
7	千葉　仁人（須走中1）	11·01②
8	千葉　妃華（須走中3）	11·33⑤
9	外川心太郎（須走小5）	5·38②
10	室伏　香音（大阪学院大2）	9·58②
11	細谷　悠人（加藤学園高3）	13·55⑤
12	室伏　穂高（スズキ浜松AC）	14·35②
	高橋　洸太（成美小6）	
	荒井　美優（須走小5）	
	岩田　大和（小山中3）	
	田代萌々子（北郷中3）	
	岩本　侑己（御殿場西高1）	
	妹尾　晴華（東海大静岡翔洋高1）	
	藤本　　優（陸上自衛隊富士学校）	
	髙山　将司（陸上自衛隊富士学校）	
	清野　絢也（陸上自衛隊富士学校）	

D ATA
〔最高成績〕第14回(2013年) 1位 2時間16分48秒

2018年 第19回	町の部 5位	2時間22分27秒
2017年 第18回	町の部 4位	2時間21分32秒
2016年 第17回	町の部 1位	2時間18分46秒
2015年 第16回	町の部 2位	2時間20分00秒
2014年 第15回	町の部 1位	2時間16分57秒
2013年 第14回	町の部 1位	2時間16分48秒

Oyama Town

✕ 長泉町 34

町の部　5位　2時間21分10秒

【監　督】斗澤　秀春（会社員）
【コーチ】寺内　　茂（自営業）

1	山田　　葵（加藤学園高2）	12·21④
2	露木　道麻（長泉南小6）	6·22⑤
3	福嶋　桂依（長泉南小6）	6·04⑤
4	関口　楓花（長泉中1）	12·47⑤
5	牧野　拓也（日大三島高3）	21·25②
6	中村　幸生（フジヘン）	13·02⑧
7	今村　勇輝（長泉中3）	11·47⑥
8	河西優月菜（長泉北中2）	10·56④
9	大沼　晴瑠（長泉南小5）	5·42③
10	大橋佑佳里（常葉大4）	12·24⑦
11	千葉　一輝（韮山高2）	13·30③
12	小林　翔大（陸上自衛隊滝ヶ原駐屯地）	14·50③
	富田　　暖（長泉南小5）	
	田代実乃璃（長泉北小6）	
	小名　祐志（長泉中1）	
	今村　直輝（長泉中3）	
	勝又　姫結（長泉北中2）	
	三輪　拓斗（日大三島高3）	
	勝俣　愛理（沼津城北高2）	
	栗原　佑輔（武蔵野学院大2）	
	大嶽　公康（長泉町役場）	

D ATA
〔最高成績〕第13回(2012年) 1位 2時間18分18秒

2017年 第18回	町の部 4位	2時間22分03秒
2017年 第18回	町の部 2位	2時間19分55秒
2016年 第17回	町の部 4位	2時間21分51秒
2015年 第16回	町の部 5位	2時間24分39秒
2014年 第15回	町の部 3位	2時間19分24秒
2013年 第14回	町の部 2位	2時間18分20秒

Nagaizumi Town

川根本町 37

【監　督】山本　銀男（川根本町役場）

【コーチ】中野　吉洋（川根本町役場）

	氏名		タイム
1	小坂　海結	（島田高3）	12·29⑤
2	小林　翔流	（本川根小6）	6·32⑦
3	瀧尾　菜乃	（中川根南部小5）	6·02③
4	澤本こころ	（中川根中1）	13·15⑥
5	向島　央	（御殿場西高1）	23·36⑩
6	山本　忠広	（グリーンホーム）	13·48⑩
7	和田　陽	（中川根中3）	12·42⑨
8	森脇詩央梨	（中川根中1）	12·23⑨
9	秋田　一寿	（中川根第一小6）	5·56⑧
10	石川　愛理	（吉田町立中央小教諭）	12·34⑧
11	鳥澤　圭佑	（本川根中2）	14·56⑩
12	鈴木　龍弥	（東海大院2）	15·41⑧
	澤本　健太	（中川根南部小5）	
	村松　明美	（本川根小6）	
	鳥澤　光佑	（本川根中2）	
	和田　悠	（中川根中3）	
	田宮　佐吉	（川根高3）	
	澤井　美佳	（川根高3）	
	山本　崇博	（川根高教諭）	
	山下富士夫	（静西教育事務所）	

ATA

〔最高成績〕第18回（2017年）7位 2時間30分51秒

2018年	第19回	町の部 9位	2時間32分17秒
2017年	第18回	町の部 7位	2時間30分51秒
2016年	第17回	町の部12位	2時間35分18秒
2015年	第16回	町の部12位	2時間34分59秒
2014年	第15回	町の部10位	2時間34分14秒
2013年	第14回	町の部10位	2時間33分40秒

Kawanehoncho Town

吉　田　町 36

【監　督】中島　克訓（吉田中教諭）

【コーチ】堀　薫（榛原高教諭）

	氏名		タイム
1	田中　毬愛	（島田高3）	11·55❶
2	大石　翔生	（中央小6）	6·12❶
3	杉本　紗菜	（住吉小6）	6·17⑧
4	市川　梨愛	（吉田中3）	12·13②
5	大石　彪斗	（藤枝明誠高3）	21·33④
6	大山　宗則	（SMILEY ANGEL）	12·47⑦
7	杉浦　柊人	（吉田中3）	新10·28❶
8	磯崎　心音	（吉田中1）	10·54③
9	原田　空也	（中央小5）	5·49⑥
10	大石　未咲	（静岡吉田AC）	12·09⑤
11	水野　健太	（吉田中3）	13·20②
12	三輪晋大朗	（NTN）	新13·49❶
	原田　利空	（中央小5）	
	大井　唯那	（中央小6）	
	山本　純也	（吉田中3）	
	長原　萌加	（吉田中3）	
	河村　輝月	（榛原高2）	
	市川　大輝	（島田高3）	
	大石　龍斗	（専修大3）	
	森川真優子	（小糸製作所）	
	前田　浩志	（スニック）	

ATA

〔最高成績〕第19回（2018年）3位 2時間21分54秒

2018年	第19回	町の部 3位	2時間21分54秒
2017年	第18回	町の部 5位	2時間26分34秒
2016年	第17回	町の部 5位	2時間25分35秒
2015年	第16回	町の部 8位	2時間28分51秒
2014年	第15回	町の部 5位	2時間24分07秒
2013年	第14回	町の部 5位	2時間24分41秒

Yoshida Town

森　町　38

20回連続エントリー

稲本多津郎	伊東市	（伊東市体協）
平田　裕也	沼津市	（沼津市役所）
石上　真吾	藤枝市	（藤枝市役所）
片山　径介	河津町	（沼津東小教諭）
笠井　慎	南伊豆町	（稲取車体整備工場）
金刺　貴彦	西伊豆町	（稲生沢小教諭）
朝倉　和也	清水町	（裾野東中校長）
室伏　剛	小山町	

歴代優勝チーム

※第6回までは町村の部

第1回	【市の部】	富士市	2時間16分12秒
	【町の部】	浅羽町	2時間23分54秒
第2回	【市の部】	静岡市	◎2時間15分34秒
	【町の部】	長泉町	◎2時間22分32秒
第3回	【市の部】	御殿場市	2時間16分10秒
	【町の部】	②長泉町	◎2時間22分27秒
第4回	【市の部】	浜松市	○2時間15分34秒
	【町の部】	森　町	◎2時間22分07秒
第5回	【市の部】	浜松市	◎2時間14分48秒
	【町の部】	函南町	2時間19分47秒
第6回	【市の部】	②御殿場市	2時間15分07秒
	【町の部】	③長泉町	◎2時間19分28秒
第7回	【市の部】	②静岡市静岡	2時間15分13秒
	【町の部】	②函南町	2時間21分07秒
第8回	【市の部】	浜松市中央	2時間15分20秒
	【町の部】	新居町	2時間19分36秒
第9回	【市の部】	浜松市西部	2時間17分04秒
	【町の部】	④長泉町	2時間21分21秒
第10回	【市の部】	③静岡市静岡A	2時間16分17秒
	【町の部】	⑤長泉町	◎2時間19分06秒
第11回	【市の部】	②浜松市西部	2時間14分44秒
	【町の部】	⑥長泉町	2時間20分37秒
第12回	【市の部】	③浜松市西部	2時間13分15秒
	【町の部】	⑦長泉町	2時間23分11秒
第13回	【市の部】	④浜松市西部	2時間13分29秒
	【町の部】	⑧長泉町	◎2時間18分18秒
第14回	【市の部】	⑤浜松市西部	2時間11分17秒
	【町の部】	小山町	2時間16分48秒
第15回	【市の部】	⑥浜松市西部	2時間11分58秒
	【町の部】	②小山町	2時間16分57秒
第16回	【市の部】	浜松市北部	2時間12分09秒
	【町の部】	③函南町	2時間17分11秒
第17回	【市の部】	⑦浜松市西部	2時間11分07秒
	【町の部】	③小山町	2時間18分46秒
第18回	【市の部】	②浜松市北部	2時間12分39秒
	【町の部】	④函南町	2時間18分43秒
第19回	【市の部】	③御殿場市	◎2時間11分44秒
	【町の部】	⑤函南町	◎2時間16分30秒
第20回	【市の部】	④御殿場市	2時間09分29秒
	【町の部】	清水町	2時間17分13秒

※○数字は優勝回数 ◎大会新 ○大会タイ

町の部 6位 2時間26分45秒

【監　督】天野　元文（Honda浜松）
【コーチ】相羽　隆吏（袋井消防署）

1	鈴木ひより	（磐田北高2）	13・26⑨
2	平田　爽馬	（宮園小6）	6・36⑨
3	今村　合花	（宮園小6）	6・32⑩
4	大場　来夢	（常葉大菊川高1）	13・22⑧
5	谷口　健	（袋井商高2）	22・58⑧
6	天野　元文	（Honda浜松）	12・41⑥
7	鈴木　一平	（浜松日体中3）	11・29③
8	榊原　彩那	（森中2）	12・15⑧
9	大石　雄塁	（飯田小6）	5・42③
10	川崎　里咲	（SMILEY ANGEL）	13・02⑪
11	伊藤　海心	（浜松商高1）	13・43④
12	三郷　一輝	（ユニバーサルエンターテインメント）	14・59④
	野口　登暉	（森小5）	
	細井　萌那	（飯田小6）	
	石田　やや	（宮園小6）	
	小林　杏	（森中2）	
	細井　星那	（旭が丘中2）	
	栗田　暖大	（旭が丘中2）	
	栗田　粋志	（旭が丘中3）	
	徳千代知世	（摩耶保育園）	
	大場　紀明	（三木の里接骨院）	

DATA

〔最高成績〕第4回（2003年）1位 2時間22分07秒

2018年	第19回	町の部	7位	2時間28分33秒
2017年	第18回	町の部	9位	2時間31分40秒
2016年	第17回	町の部	6位	2時間27分18秒
2015年	第16回	町の部	4位	2時間22分30秒
2014年	第15回	町の部	6位	2時間27分26秒
2013年	第14回	町の部	7位	2時間28分16秒

Morimachi Town

第5回　2004年

●市の部

順位	チーム	総合記録
1	浜松市　新	2·14·48
2	御殿場市	2·17·23
3	富士市	2·18·47
4	島田市	2·18·58
5	浜北市	2·19·56
6	三島市	2·19·57
7	藤枝市	2·20·12
8	裾野市	2·20·13
9	静岡市清水	2·20·23
10	沼津市	2·20·29
11	静岡市静岡	2·22·08
12	焼津市	2·22·42
13	富士宮市	2·23·30
14	磐田市	2·23·34
15	袋井市	2·23·55
16	掛川市	2·24·08
17	天竜市	2·24·50
18	湖西市	2·25·07
19	伊東市	2·27·58
20	伊豆市	2·28·09
21	下田市	2·28·29
22	御前崎市	2·34·22
23	熱海市	2·36·28

●町村の部

順位	チーム	総合記録
1	函南町　新	2·19·47
2	細江町　新	2·20·42
3	新居町	2·22·15
4	長泉町	2·22·22
5	豊岡村	2·25·04
6	小山町	2·25·13
7	竜洋町	2·26·13
8	森町	2·26·30
9	清水町	2·26·56
10	豊田町	2·26·58
11	富士川町	2·27·20
12	南伊豆町	2·28·12
13	菊川町	2·28·32
14	雄踏町	2·28·37
15	伊豆長岡町	2·28·41
16	福田町	2·29·04
17	吉田町	2·29·41
18	浅羽町	2·29·55
19	大仁町	2·30·03
20	相良町	2·30·18
21	芝川町	2·30·24
22	金谷町	2·30·26
23	東伊豆町	2·30·38
24	韮山町	2·30·48
25	大井川町	2·31·16
26	春野町	2·32·13
27	河津町	2·32·52
28	由比町	2·33·10
29	大東町	2·33·38
30	西伊豆町	2·33·46
31	榛原町	2·34·15
31	岡部町	2·34·15
33	中川根町	2·34·37
34	小笠町	2·35·32
35	舞阪町	2·35·57
36	三ケ日町	2·36·41
37	引佐町	2·36·54
38	松崎町	2·36·55
39	佐久間町	2·37·13
40	戸田村	2·37·19
41	本川根町	2·38·30
42	蒲原町	2·39·48
43	水窪町	2·41·01
44	川根町	2·41·29
45	大須賀町	2·43·14
46	賀茂村	2·45·39
47	龍山村	2·49·01

第4回　2003年

●市の部

順位	チーム	総合記録
1	浜松市　連	2·15·34
2	御殿場市	2·15·55
3	静岡市静岡	2·17·08
4	静岡市清水	2·18·25
5	富士市	2·19·03
6	島田市	2·20·57
7	浜北市	2·21·31
8	藤枝市	2·21·42
9	袋井市	2·22·09
10	掛川市	2·22·13
11	磐田市	2·22·24
12	裾野市	2·22·25
13	三島市	2·22·27
14	沼津市	2·22·46
15	焼津市	2·24·19
16	湖西市	2·27·35
17	天竜市	2·28·53
18	伊東市	2·29·17
19	下田市	2·29·21
20	富士宮市	2·29·25
21	熱海市	2·33·49

●町村の部

順位	チーム	総合記録
1	森町　新	2·22·07
2	函南町	2·22·52
3	清水町	2·23·34
4	長泉町	2·24·40
5	細江町	2·25·27
6	浅羽町	2·25·28
7	新居町	2·25·40
8	御前崎町	2·25·49
9	福田町	2·27·04
10	小山町	2·27·52
11	菊川町	2·28·04
12	春野町	2·28·10
13	韮山町	2·28·19
14	豊田町	2·28·26
15	修善寺町	2·28·45
16	金谷町	2·29·26
17	伊豆長岡町	2·29·34
18	小笠町	2·30·09
19	竜洋町	2·30·10
20	南伊豆町	2·30·26
21	富士川町	2·30·31
22	舞阪町	2·30·34
23	雄踏町	2·30·41
24	豊岡村	2·30·50
25	吉田町	2·30·52
26	東伊豆町	2·31·22
27	浜岡町	2·31·34
28	芝川町	2·32·16
29	大井川町	2·32·24
30	榛原町	2·33·03
31	相良町	2·33·15
32	水窪町	2·33·40
33	中伊豆町	2·33·43
34	河津町	2·34·17
35	引佐町	2·34·18
36	川根町	2·34·20
37	中川根町	2·34·27
38	土肥町	2·34·35
39	由比町	2·34·38
40	戸田村	2·35·11
41	岡部町	2·35·26
42	佐久間町	2·36·25
43	龍山村	2·36·26
44	西伊豆町	2·36·36
45	天城湯ケ島町	2·36·44
46	大仁町	2·37·19
47	松崎町	2·37·45
48	本川根町	2·38·46
49	三ケ日町	2·38·47
50	蒲原町	2·40·25
51	賀茂村	2·40·38
52	大東町	2·41·32
53	大須賀町	2·41·33

第3回　2002年

●市の部

順位	チーム	総合記録
1	御殿場市	2·16·10
2	浜松市	2·17·47
3	静岡市	2·17·50
4	富士市	2·17·59
5	清水市	2·21·55
6	沼津市	2·22·00
7	浜北市	2·22·50
8	袋井市	2·23·23
9	島田市	2·23·30
10	掛川市	2·24·57
11	三島市	2·25·07
12	焼津市	2·25·18
13	裾野市	2·26·21
14	磐田市	2·26·28
15	藤枝市	2·26·47
16	富士宮市	2·28·09
17	天竜市	2·29·17
18	下田市	2·29·24
19	伊東市	2·29·44
20	湖西市	2·30·34
21	熱海市	2·33·23

●町村の部

順位	チーム	総合記録
1	長泉町　新	2·22·27
2	函南町	2·25·35
3	浅羽町	2·26·23
4	細江町	2·26·31
5	清水町	2·26·55
6	福田町	2·27·43
7	森町	2·27·56
8	川根町	2·28·33
9	新居町	2·29·05
10	金谷町	2·29·14
11	富士川町	2·29·30
12	豊田町	2·29·36
13	御前崎町	2·29·43
14	大仁町	2·30·04
15	豊岡村	2·30·15
16	修善寺町	2·30·31
17	南伊豆町	2·30·55
18	春野町	2·31·04
19	竜洋町	2·31·26
20	韮山町	2·31·28
21	小山町	2·31·32
22	舞阪町	2·32·45
23	大東町	2·33·26
24	小笠町	2·33·29
25	龍山村	2·33·41
26	引佐町	2·33·47
27	中根町	2·34·06
28	相良町	2·34·07
29	東伊豆町	2·34·36
30	水窪町	2·34·39
31	浜岡町	2·35·10
32	岡部町	2·35·34
33	伊豆長岡町	2·35·37
34	土肥町	2·35·40
35	大井川町	2·35·49
36	吉田町	2·36·03
37	天城湯ケ島町	2·36·19
38	雄踏町	2·36·22
39	三ケ日町	2·36·25
40	中川根町	2·36·53
41	芝川町	2·38·02
42	戸田村	2·38·20
43	西伊豆町	2·38·25
44	由比町	2·38·56
45	中伊豆町	2·38·59
46	西伊豆町	2·39·18
47	龍山村	2·39·47
48	本川根町	2·40·50
49	松崎町	2·42·07
50	河津町	2·42·07
51	大須賀町	2·43·22
52	佐久間町	2·43·37
53	賀茂村	2·47·04

第2回　2001年

●市の部

順位	チーム	総合記録
1	静岡市　新	2·15·34
2	御殿場市　新	2·15·35
3	浜松市	2·17·32
4	富士市	2·19·16
5	清水市	2·21·53
6	浜北市	2·22·40
7	磐田市	2·23·47
8	沼津市	2·24·32
9	裾野市	2·24·41
10	焼津市	2·25·02
11	掛川市	2·25·04
12	藤枝市	2·25·27
13	富士宮市	2·25·28
14	三島市	2·25·49
15	島田市	2·26·12
16	伊東市	2·28·41
17	天竜市	2·28·47
18	袋井市	2·31·56
19	下田市	2·32·05
20	湖西市	2·35·30
21	熱海市	2·36·45

●町村の部

順位	チーム	総合記録
1	長泉町　新	2·22·32
2	函南町　新	2·22·47
3	清水町	2·23·28
4	新居町	2·24·58
5	細江町	2·25·10
6	浅羽町	2·26·04
7	小山町	2·27·24
8	福田町	2·27·25
9	御前崎町	2·27·38
10	大東町	2·28·49
11	森町	2·29·32
12	南伊豆町	2·29·35
13	豊田町	2·29·50
14	岡部町	2·29·52
15	金谷町	2·30·19
16	豊岡村	2·30·20
17	菊川町	2·31·16
18	大須賀町	2·31·30
19	大仁町	2·31·41
20	浜岡町	2·32·04
21	竜洋町	2·32·23
22	大井川町	2·32·28
23	小笠町	2·32·40
24	東伊豆町	2·32·45
25	春野町	2·33·19
26	引佐町	2·33·20
27	舞阪町	2·33·21
28	川根町	2·34·00
29	水窪町	2·34·35
30	榛原町	2·35·02
31	修善寺町	2·35·45
32	韮山町	2·35·51
33	天城湯ケ島町	2·36·07
34	富士川町	2·36·25
35	蒲原町	2·36·29
36	中川根町	2·36·30
37	由比町	2·36·36
38	相良町	2·36·45
39	河津町	2·37·02
40	佐久間町	2·37·05
41	土肥町	2·37·17
42	西伊豆町	2·37·55
43	雄踏町	2·38·07
44	伊豆長岡町	2·39·46
45	芝川町	2·39·58
46	吉田町	2·39·58
47	龍山村	2·40·01
48	三ケ日町	2·40·19
49	中伊豆町	2·42·00
50	松崎町	2·44·31
51	賀茂村	2·45·20
52	本川根町	2·45·43
53	戸田村	2·53·18

第1回　2000年

●市の部

順位	チーム	総合記録
1	富士市	2·16·12
2	御殿場市	2·16·29
3	浜松市	2·17·39
4	静岡市	2·18·52
5	浜北市	2·21·35
6	掛川市	2·24·58
7	清水市	2·25·31
8	三島市	2·26·05
9	磐田市	2·26·31
10	裾野市	2·26·40
11	島田市	2·27·15
12	藤枝市	2·27·29
13	伊東市	2·27·45
14	富士宮市	2·30·52
15	沼津市	2·31·10
16	袋井市	2·32·50
17	湖西市	2·32·58
18	下田市	2·33·13
19	焼津市	2·34·31
20	天竜市	2·35·47
21	熱海市	2·42·14

●町村の部

順位	チーム	総合記録
1	浅羽町	2·23·54
2	長泉町	2·25·49
3	細江町	2·25·53
4	函南町	2·28·37
5	小山町	2·28·42
6	豊岡村	2·29·51
7	吉田町	2·30·24
8	清水町	2·30·31
9	大東町	2·30·50
10	小笠町	2·31·04
11	金谷町	2·31·06
12	川根町	2·31·33
13	竜洋町	2·31·34
14	南伊豆町	2·32·11
15	森町	2·32·14
16	修善寺町	2·32·49
17	大井川町	2·32·55
18	浜岡町	2·33·16
19	東伊豆町	2·33·28
20	岡部町	2·33·35
21	福田町	2·33·47
22	菊川町	2·34·02
23	御前崎町	2·34·07
24	引佐町	2·34·10
25	豊田町	2·34·31
26	蒲原町	2·35·28
27	春野町	2·35·42
28	大仁町	2·36·39
29	韮山町	2·36·52
30	中伊豆町	2·37·55
31	富士川町	2·38·09
32	天城湯ケ島町	2·38·27
33	佐久間町	2·38·44
34	龍山村	2·38·45
35	榛原町	2·38·51
36	伊豆長岡町	2·38·57
37	大須賀町	2·39·03
38	河津町	2·39·04
39	新居町	2·39·12
40	舞阪町	2·39·53
41	中川根町	2·40·29
42	土肥町	2·40·44
43	相良町	2·40·54
44	由比町	2·41·02
45	雄踏町	2·42·26
46	水窪町	2·42·36
47	三ケ日町	2·42·54
48	本川根町	2·45·16
49	松崎町	2·45·53
50	賀茂村	2·45·56
51	西伊豆町	2·47·28
52	芝川町	2·49·02
53	戸田村	2·49·44

●町の部

順位	チーム	総合記録
1	長泉町	2·20·37
2	湖西市新居	2·20·45
3	森　町	2·23·37
4	清水町	2·23·39
5	函南町	2·23·54
6	吉田町	2·24·05
7	松崎町	2·26·29
8	小山町	2·29·01
9	東伊豆町	2·33·21
10	河津町	2·33·50
11	南伊豆町	2·34·44
12	川根本町	2·35·48
13	西伊豆町	2·37·29

第12回　2011年

●市の部

順位	チーム	総合記録
1	浜松市西部	2·13·15
2	静岡市静岡A	2·16·03
3	藤枝市	2·16·13
4	富士市	2·16·15
5	浜松市北部	2·17·05
6	御殿場市	2·17·20
7	浜松市中央	2·18·19
8	湖西市	2·19·31
9	富士宮市	2·19·38
10	磐田市	2·20·11
11	静岡市清水	2·20·54
12	三島市	2·21·35
13	沼津市	2·22·14
14	島田市	2·22·29
15	裾野市	2·22·38
16	菊川市	2·22·55
17	静岡市静岡B	2·23·29
18	袋井市	2·23·57
19	牧之原市	2·24·22
20	伊豆の国市	2·24·56
21	焼津市	2·26·38
22	伊東市	2·28·02
23	下田市	2·28·09
24	御前崎市	2·29·05
25	掛川市	2·30·46
26	熱海市	2·31·02
27	伊豆市	2·31·45

●町の部

順位	チーム	総合記録
1	長泉町	2·23·11
2	函南町	2·23·35
3	小山町	2·23·52
4	吉田町	2·24·10
5	森　町	2·24·54
6	松崎町	2·25·09
7	清水町	2·27·46
8	河津町	2·28·59
9	南伊豆町	2·32·17
10	西伊豆町	2·33·58
11	東伊豆町	2·34·39
12	川根本町	2·35·40

第13回　2012年

●市の部

順位	チーム	総合記録
1	浜松市西部	2·13·29
2	浜松市北部	2·15·34
3	浜松市中央	2·15·43
4	御殿場市	2·16·07
5	富士市	2·16·59
6	藤枝市	2·18·40
7	静岡市清水	2·19·02
8	富士宮市	2·19·24

4	浜松市北部	2·18·12
5	藤枝市	2·18·24
6	浜松市中央	2·18·25
7	富士市	2·19·20
8	磐田市	2·20·28
9	富士宮市	2·20·37
10	沼津市	2·21·34
11	島田市	2·21·51
12	静岡市清水	2·22·18
13	裾野市	2·23·12
14	菊川市	2·23·12
15	焼津市	2·24·07
16	三島市	2·24·56
17	御前崎市	2·25·26
18	伊豆の国市	2·25·31
19	袋井市	2·25·35
20	湖西市	2·27·11
21	牧之原市	2·27·57
22	熱海市	2·28·13
23	静岡市静岡B	2·28·21
24	伊東市	2·28·22
25	掛川市	2·29·16
26	伊豆市	2·33·17
27	下田市	2·34·02

●町の部

順位	チーム	総合記録
1	長泉町 （新）	2·19·06
2	函南町	2·19·51
3	新居町	2·21·57
4	清水町	2·25·29
5	吉田町	2·26·08
6	森　町	2·27·10
7	小山町	2·28·32
8	河津町	2·31·11
9	川根本町	2·33·10
10	南伊豆町	2·34·11
11	松崎町	2·34·18
12	東伊豆町	2·35·09
13	芝川町	2·36·28
14	西伊豆町	2·39·55

第11回　2010年

●市の部

順位	チーム	総合記録
1	浜松市西部	2·14·44
2	浜松市中央	2·16·09
3	御殿場市	2·16·17
4	浜市市北部	2·17·29
5	富士市	2·17·58
6	静岡市清水	2·18·19
7	磐田市	2·19·04
8	静岡市静岡A	2·19·37
9	藤枝市	2·19·55
10	島田市	2·20·47
11	三島市	2·20·51
12	裾野市	2·22·43
13	菊川市	2·23·25
14	富士宮市	2·23·48
15	沼津市	2·23·54
16	袋井市	2·25·04
17	静岡市静岡B	2·25·06
18	焼津市	2·25·23
19	牧之原市	2·25·55
20	伊豆の国市	2·26·16
21	掛川市	2·29·18
22	伊豆市	2·29·30
23	伊東市	2·29·41
24	御前崎市	2·29·43
25	湖西市	2·29·50
26	下田市	2·30·29
27	熱海市	2·33·01

6	吉田町	2·28·21
7	小山町	2·28·27
8	岡部町	2·30·19
9	松崎町	2·31·44
10	富士川町	2·31·57
11	河津町	2·33·13
12	川根町	2·33·25
13	大井川町	2·34·19
14	川根本町	2·34·31
15	由比町	2·34·35
16	南伊豆町	2·36·15
17	西伊豆町	2·36·54
18	芝川町	2·37·08
19	東伊豆町	2·37·10

第9回　2008年

●市の部

順位	チーム	総合記録
1	浜松市西部	2·17·04
2	御殿場市	2·18·01
3	静岡市静岡A	2·18·04
4	富士市	2·19·10
5	藤枝市	2·19·22
6	浜松市北部	2·20·07
7	浜松市中央	2·20·20
8	島田市	2·21·31
9	磐田市	2·21·42
10	富士宮市	2·22·32
11	三島市	2·22·40
12	静岡市清水	2·23·19
13	沼津市	2·23·22
14	静岡市静岡B	2·23·29
15	御前崎市	2·23·55
16	菊川市	2·25·07
17	裾野市	2·25·20
18	伊豆の国市	2·25·28
19	焼津市	2·26·15
20	袋井市	2·26·43
21	掛川市	2·28·08
22	牧之原市	2·28·25
23	湖西市	2·28·37
24	伊東市	2·29·19
25	下田市	2·30·38
26	熱海市	2·31·42
27	伊豆市	2·34·26

●町の部

順位	チーム	総合記録
1	長泉町	2·21·21
2	新居町	2·22·56
3	函南町	2·25·54
4	森　町	2·27·41
5	小山町	2·27·54
6	清水町	2·29·18
7	吉田町	2·31·35
8	南伊豆町	2·32·07
9	河津町	2·32·14
10	岡部町	2·32·41
11	東伊豆町	2·32·50
12	静岡市由比	2·33·50
13	松崎町	2·34·41
14	西伊豆町	2·35·00
15	芝川町	2·35·27
16	川根本町	2·36·37
17	富士市富士川	2·37·35
18	焼津市大井川	2·42·09

第10回　2009年

●市の部

順位	チーム	総合記録
1	静岡市静岡A	2·16·17
2	浜松市西部	2·17·04
3	御殿場市	2·17·55

11	裾野市	2·23·20
12	富士宮市	2·23·26
13	磐田市	2·23·54
14	掛川市	2·24·08
15	伊豆の国市	2·24·42
16	静岡市清水	2·25·28
17	焼津市	2·25·51
18	袋井市	2·26·08
19	菊川市	2·26·35
20	磐田市北	2·27·23
21	湖西市	2·27·29
22	伊豆市	2·28·42
23	伊東市	2·29·16
24	牧之原市	2·29·30
25	下田市	2·29·57
26	熱海市	2·30·52
27	磐田市南	2·31·11
28	御前崎市	2·31·22

●町の部

順位	チーム	総合記録
1	函南町	2·21·07
2	長泉町	2·23·00
3	新居町	2·23·09
4	森　町	2·23·45
5	吉田町	2·29·00
6	小山町	2·29·14
7	清水町	2·29·27
8	富士川町	2·30·22
9	南伊豆町	2·30·42
10	由比町	2·33·44
11	河津町	2·34·04
12	西伊豆町	2·35·20
13	川根本町	2·35·38
14	大井川町	2·36·35
15	岡部町	2·36·52
16	芝川町	2·38·57
17	松崎町	2·39·08
18	東伊豆町	2·40·01
19	川根町	2·42·56

第8回　2007年

●市の部

順位	チーム	総合記録
1	浜松市中央	2·15·20
2	静岡市静岡A	2·16·55
3	浜松市北部	2·17·02
4	浜松市西部	2·17·05
5	御殿場市	2·17·58
6	富士市	2·18·02
7	藤枝市	2·19·58
8	静岡市静岡B	2·20·00
9	磐田市	2·20·18
10	富士宮市	2·20·23
11	裾野市	2·20·39
12	静岡市清水	2·21·34
13	島田市	2·22·22
14	伊豆の国市	2·23·26
15	沼津市	2·23·34
16	菊川市	2·24·25
17	三島市	2·24·35
18	袋井市	2·24·38
19	湖西市	2·25·07
20	焼津市	2·26·55
21	伊東市	2·27·44
22	掛川市	2·28·05
23	御前崎市	2·28·15
24	伊豆市	2·29·42
25	熱海市	2·30·24
26	下田市	2·30·29
27	牧之原市	2·32·17

●町の部

順位	チーム	総合記録
1	新居町	2·19·36
2	函南町	2·19·44
3	長泉町	2·20·18
4	森　町	2·23·33
5	清水町	2·26·25

第6回　2005年

●市の部

順位	チーム	総合記録
1	御殿場市	2·15·49
2	静岡市静岡	2·16·25
3	浜松市浜松	2·16·39
4	富士市	2·18·33
5	島田市	2·18·51
6	裾野市	2·19·59
7	三島市	2·20·32
8	浜松市浜北	2·20·57
9	伊豆の国市	2·21·26
10	掛川市	2·22·21
11	富士宮市	2·22·37
12	磐田市磐田	2·22·40
13	藤枝市	2·23·10
14	静岡市清水	2·23·37
15	沼津市	2·23·59
16	浜松市天竜	2·24·48
17	湖西市	2·24·53
18	焼津市	2·25·39
19	袋井市袋井	2·25·57
20	菊川市	2·27·16
21	下田市	2·28·01
22	伊豆市	2·30·25
23	御前崎市	2·30·27
24	熱海市	2·30·53
25	牧之原市	2·31·18
26	伊東市	2·35·07

●町村の部

順位	チーム	総合記録
1	長泉町 （新）	2·19·28
2	函南町	2·22·05
3	浜松市細江	2·23·31
4	浜松市春野	2·25·58
5	森　町	2·26·01
6	浜松市雄踏	2·26·17
7	富士川町	2·27·05
8	袋井市浅羽	2·27·41
9	新居町	2·27·54
10	磐田市豊岡	2·28·05
11	清水町	2·28·42
12	浜松市舞阪	2·29·30
13	磐田市竜洋	2·30·16
14	東伊豆町	2·30·22
15	岡部町	2·30·55
16	西伊豆町	2·31·16
17	南伊豆町	2·31·19
18	河津町	2·31·23
19	小山町	2·31·42
20	吉田町	2·32·07
21	磐田市豊田	2·32·42
22	川根本町	2·32·54
23	浜松市佐久間	2·33·07
24	磐田市福田	2·33·18
25	芝川町	2·33·39
26	浜松市三ケ日	2·34·41
27	松崎町	2·34·57
28	由比町	2·36·41
29	大井川町	2·37·30
30	蒲原町	2·39·16
31	川根町	2·39·23

第7回　2006年

●市の部

順位	チーム	総合記録
1	静岡市静岡	2·15·13
2	浜松市中央	2·17·37
3	浜松市北部	2·18·16
4	富士市	2·18·23
5	藤枝市	2·18·25
6	御殿場市	2·20·13
7	三島市	2·21·00
8	沼津市	2·21·11
9	島田市	2·21·27
10	浜松市西部	2·22·18

第19回　2018年

●市の部

順位	チーム	総合記録
1	御殿場市 新	2・11・44
2	静岡市静岡	2・13・31
3	富士市	2・13・49
4	浜松市北部	2・15・12
5	浜松市西部	2・15・13
6	磐田市	2・15・45
7	裾野市	2・15・50
8	浜松市中央	2・17・24
9	三島市	2・18・12
10	湖西市	2・18・34
11	富士宮市	2・19・27
12	島田市	2・19・27
13	沼津市	2・19・30
14	袋井市	2・20・46
15	静岡市清水	2・21・06
16	焼津市	2・21・51
17	牧之原市	2・22・08
18	菊川市	2・22・12
19	藤枝市	2・22・48
20	掛川市	2・23・13
21	伊豆の国市	2・24・24
22	熱海市	2・24・36
23	伊東市	2・24・55
24	御前崎市	2・28・54
25	伊豆市	2・31・04
26	下田市	2・31・31

●町の部

順位	チーム	総合記録
1	函南町 新	2・16・30
2	清水町	2・21・36
3	吉田町	2・21・54
4	長泉町	2・22・03
5	小山町	2・22・27
6	河津町	2・27・56
7	森町	2・28・33
8	松崎町	2・31・04
9	川根本町	2・32・17
10	西伊豆町	2・32・43
11	東伊豆町	2・32・47
12	南伊豆町	2・33・58

第18回　2017年

●市の部

順位	チーム	総合記録
1	浜松市北部	2・12・39
2	富士市	2・13・16
3	浜松市西部	2・13・23
4	静岡市静岡A	2・14・08
5	磐田市	2・14・21
6	浜松市中央	2・14・27
7	御殿場市	2・15・01
8	湖西市	2・15・11
9	沼津市	2・17・13
10	三島市	2・17・52
11	裾野市	2・18・09
12	藤枝市	2・18・56
13	富士宮市	2・19・03
14	静岡市静岡B	2・19・04
15	島田市	2・20・00
16	牧之原市	2・20・17
17	静岡市清水	2・20・56
18	袋井市	2・21・03
19	焼津市	2・21・14
20	掛川市	2・21・38
21	熱海市	2・22・18
22	伊東市	2・23・04
23	菊川市	2・24・18
24	伊豆の国市	2・26・19
25	御前崎市	2・27・18
26	伊豆市	2・28・11
27	下田市	2・30・17

●町の部

順位	チーム	総合記録
1	函南町	2・18・43
2	長泉町	2・19・55
3	清水町	2・20・43
4	小山町	2・21・32
5	吉田町	2・26・34
6	河津町	2・27・54
7	川根本町	2・30・51
8	松崎町	2・31・17
9	森町	2・31・40
10	南伊豆町	2・33・14
11	東伊豆町	2・33・18
12	西伊豆町	2・34・21

第17回　2016年

●市の部

順位	チーム	総合記録
1	浜松市西部	2・11・07
2	御殿場市	2・13・14
3	浜松市北部	2・13・18
4	静岡市静岡A	2・13・22
5	磐田市	2・14・53
6	浜松市中央	2・15・07
7	裾野市	2・15・41
8	富士市	2・16・29
9	三島市	2・17・31
10	湖西市	2・18・19
11	藤枝市	2・18・58
12	沼津市	2・19・20
13	静岡市静岡B	2・19・22
14	富士宮市	2・19・24
15	静岡市清水	2・19・44
16	牧之原市	2・19・51
17	掛川市	2・20・08
18	袋井市	2・21・57
19	島田市	2・22・07
20	焼津市	2・22・26
21	菊川市	2・22・52
22	熱海市	2・24・49
23	伊東市	2・27・08
24	御前崎市	2・27・33
25	伊豆の国市	2・27・58
26	伊豆市	2・30・34
27	下田市	2・31・50

●町の部

順位	チーム	総合記録
1	小山町	2・18・46
2	函南町	2・19・38
3	清水町	2・20・40
4	長泉町	2・21・51
5	吉田町	2・25・35
6	森町	2・27・18
7	松崎町	2・30・14
8	東伊豆町	2・31・38
9	西伊豆町	2・32・20
10	河津町	2・33・38
11	南伊豆町	2・34・16
12	川根本町	2・35・18

第16回　2015年

●市の部

順位	チーム	総合記録
1	浜松市北部	2・12・09
2	浜松市西部	2・14・39
3	御殿場市	2・14・52
4	富士市	2・14・53
5	浜松市中央	2・15・30
6	静岡市静岡A	2・15・31
7	藤枝市	2・16・26
8	磐田市	2・17・35
9	沼津市	2・18・03
10	裾野市	2・18・03
11	富士宮市	2・18・19
12	静岡市清水	2・18・23
13	静岡市静岡B	2・18・40
14	三島市	2・19・26
15	牧之原市	2・19・29
16	湖西市	2・19・38
17	島田市	2・20・44
18	焼津市	2・22・27
19	袋井市	2・23・47
20	菊川市	2・23・53
21	伊東市	2・24・47
22	熱海市	2・25・22
23	御前崎市	2・26・13
24	掛川市	2・27・04
25	伊豆の国市	2・27・06
26	伊豆市	2・31・27
27	下田市	2・32・39

●町の部

順位	チーム	総合記録
1	函南町	2・17・11
2	小山町	2・20・00
3	清水町	2・20・32
4	森町	2・22・30
5	長泉町	2・24・39
6	河津町	2・27・05
7	松崎町	2・28・05
8	吉田町	2・28・51
9	南伊豆町	2・30・52
10	東伊豆町	2・32・00
11	西伊豆町	2・33・10
12	川根本町	2・34・59

第15回　2014年

●市の部

順位	チーム	総合記録
1	浜松市西部	2・11・58
2	浜松市北部	2・14・34
3	御殿場市	2・15・39
4	浜松市中央	2・16・11
5	富士市	2・16・22
6	静岡市静岡A	2・16・59
7	富士宮市	2・17・32
8	藤枝市	2・17・53
9	磐田市	2・18・05
10	静岡市静岡B	2・18・16
11	裾野市	2・18・26
12	島田市	2・18・58
13	静岡市清水	2・20・27
14	牧之原市	2・20・35
15	掛川市	2・21・14
16	沼津市	2・21・48
17	湖西市	2・21・53
18	三島市	2・22・10
19	伊東市	2・23・20
20	袋井市	2・24・25
21	焼津市	2・26・12
22	菊川市	2・26・14
23	御前崎市	2・26・41
24	伊豆の国市	2・26・56
25	伊豆市	2・29・21
26	下田市	2・30・40
27	熱海市	2・31・14
－	会津若松市	2・17・37

●町の部

順位	チーム	総合記録
1	長泉町 新	2・18・18
2	函南町	2・20・32
3	小山町	2・20・49
4	吉田町	2・21・24
5	清水町	2・22・42
6	森町 新	2・25・22
7	松崎町 新	2・29・58
8	東伊豆町 新	2・30・48
9	河津町	2・31・17
10	川根本町	2・32・02
11	南伊豆町	2・32・09
12	西伊豆町	2・34・49

第14回　2013年

●市の部

順位	チーム	総合記録
1	浜松市西部	2・11・17
2	御殿場市	2・13・01
3	富士市	2・14・32
4	浜松市北部	2・14・33
5	浜松市中央	2・14・37
6	藤枝市	2・16・00
7	富士宮市	2・17・08
8	静岡市静岡A	2・17・36
9	島田市	2・17・42
10	磐田市	2・18・49
11	静岡市清水	2・18・58
12	湖西市	2・20・03
13	牧之原市	2・21・27
14	三島市	2・21・29
15	静岡市静岡B	2・21・55
16	裾野市	2・22・09
17	焼津市	2・23・10
18	菊川市	2・23・15
19	掛川市	2・24・43
20	伊豆市	2・26・13
21	伊東市	2・26・16
22	伊豆の国市	2・27・08
23	沼津市	2・27・33
24	袋井市	2・28・58
25	熱海市	2・29・15
26	御前崎市	2・30・04
27	下田市	2・31・54

●町の部

順位	チーム	総合記録
1	小山町	2・16・48
2	長泉町	2・18・20
3	函南町	2・20・00
4	清水町	2・23・28
5	吉田町	2・24・04
6	松崎町	2・25・41
7	森町	2・28・16
8	南伊豆町	2・30・47
9	東伊豆町	2・33・24
10	川根本町	2・33・40
11	河津町	2・34・31
12	西伊豆町	2・37・00